体育科授業サポートBOOKS

この1冊で
まるごとわかる！

# 小学1年生の体育授業

夏苅 崇嗣 著

明治図書

## ……はじめに……

　1学期の終業式にクラスの子どもたちに、「今学期楽しかったことは何でしたか」と聞いてみました。一番多かった答えは、「水泳の授業が楽しかった」でした。他にも入学式や運動会など、大きな行事もありましたが、子どもたちは水泳の印象が強かったようです。1年生の子どもたちに限らず、「体育大好き！」という子どもたちは多くいます。その期待に応えられるように、日々教材研究を進めていますが、何から教えたら良いのか悩むことがあります。子どもたちにとって初めて学ぶ運動ですから、伝えたいことが多くあります。しかし、運動せず説明ばかりでは力をつけることはできません。
　そこで、私自身が体育の授業で大切にしていることは、次の3点です。

---

- ●実運動時間（実際に運動している時間）をどれだけ確保できるか
　説明する時間は短く、運動する時間を確保し、経験・活動を通して学習できる内容を。そのためには、「簡単に・シンプルに」します。
- ●「やってみよう！」→「できるかな？」→「できた！」の繰り返しを
　取り組ませる課題が高すぎると、諦めてしまう子が出てしまいます。自ら進んで取り組む気持ちが持てる課題を提示します。
- ●友だちとの関わりを通して学ぶ機会を保障する
　1人ではできないことも、「お手伝い（子ども同士の相互補助活動）」を通して、できる感覚を味わい、できるように前向きに取り組む気持ちを育みます。

---

　今回はこの点を中心に、私が今実践していることを、そのまままとめてみました。私の実践の基本は、筑波大学附属小学校の体育授業スタイルです。そこに少しずつ自分の色をつけ、形になってきました。
　日々学習した内容を、まるでスポンジのように吸収する1年生の授業づくりに、本書の内容が1つでもお役に立っていただければ幸いです。
　2019年3月

　　　　　　　　　　　　　学校法人明星学苑　明星小学校　夏苅　崇嗣

# CONTENTS

はじめに …………………………………………………………………………… 2

## 第1章 小学1年生の指導について知っておきたい基礎・基本

1 いつも笑顔で！ともに喜び，ともに楽しむ授業を ………………… 8
2 はじめが大事！1年生の指導で身につけさせたい力 ……………… 12
3 1年生（低学年）の授業が肝心！中高学年につながる授業 ……… 16
4 組み合わせ単元でやる気と自信を育もう …………………………… 20
5 体育の授業で子どもたちの遊びを変える～日常化・習慣化へ～ … 24

## 第2章 はじめの一歩！ 授業マネジメント

1 着替え 着替えは素早く・きちんとしよう …………………………… 30
2 整列・点呼方法 授業前に約束事を決めておこう …………………… 34
3 教室移動 教室移動の並び方はいつも同じにわかりやすくしよう … 38
4 集合 校庭・体育館の集合場所を決めておこう ……………………… 42
5 話の聞かせ方 話は目と耳と心で聴こう ……………………………… 46
6 評価の仕方 帽子を効果的に使おう～即時評価を心がけよう～ …… 50
7 運動が苦手な子への対応 動きの定着を図るためにはゲーム化しよう … 54
8 勝敗にこだわりケンカになる子への対応 簡単な決まりで積み重ねよう … 58
9 用具の準備・片付け 班ごと・列ごとに役割を決めておこう ……… 62
10 家庭との連携 はじめの一歩はお家でも！お便りを活用しよう …… 66

## 第3章 これで完璧！ 12か月の指導アイデア

### 1学期は「慣れる」時期 …………………………………………………… 72

**4月**
体つくりの運動遊び―おりかえしの運動
逆さ・支持・手足の協応動作などの基礎感覚を育もう！ ………… 74

体つくりの運動遊び―おりかえしの運動
低学年のうちに身につけさせたい運動感覚はこれ！ ……………… 76

| 4月 | 体つくりの運動遊び―おりかえしの運動 |
|---|---|
| | バリエーションを変えて，さらに基礎感覚を高めよう！……… 78 |

| 5月 | 体つくりの運動遊び―うまとび |
|---|---|
| | 低いうまをしっかり跳ぼう！「1のうま」から始めよう！……… 80 |

| 6月 | 体つくりの運動遊び―よじのぼり逆立ち |
|---|---|
| | 不安な気持ちを感じさせずに，楽しく感覚を身につけよう！……… 82 |

| | 体つくりの運動遊び―だんごむし逆立ち |
|---|---|
| | 口伴奏（みんなで唱えて）でポイントを確認しよう！……… 84 |

| | 体つくりの運動遊び―頭つき逆立ち |
|---|---|
| | お手伝いの仕方を学ぼう！……… 86 |

| | 水遊び―お便りを使って：家庭との連携 |
|---|---|
| | 毎日簡単にできることで「水と友だち」になろう！……… 88 |

| | 水遊び―水に慣れる |
|---|---|
| | ゲーム化しながら，楽しく水に慣れよう！……… 90 |

| 6・7月 | 水遊び―もぐりっこ |
|---|---|
| | 1人の活動から人数を増やしていこう！……… 92 |

| | 水遊び―カニ歩き・ワニ歩き |
|---|---|
| | プールでもおりかえしの運動をやってみよう！……… 94 |

| 7月 | 鉄棒を使った運動遊び―上がる・支える・ぶら下がる |
|---|---|
| | 即時評価で，諦めずに頑張る気持ちを育もう！……… 96 |

## 2学期は「関わり合い」の時期 ……… 98

| 9月 | ゲーム―男女対抗ゲーム |
|---|---|
| | 1学期の学びを復習しよう！……… 100 |

| | ゲーム―じゃんけんゲーム（リレー型・入り乱れ型） |
|---|---|
| | 場の設定を工夫してたくさん関わろう！……… 102 |

| | 鉄棒を使った運動遊び―ふとんほし |
|---|---|
| | 楽しみながら逆さ感覚を養おう！……… 104 |

| 月 | | |
|---|---|---|
| 9月 | ゲーム―ボールゲーム：投げ上げキャッチ・ワンバウンドキャッチ 正しい捕り方を覚え，ボールと仲よくなろう！ | 106 |
| | ゲーム―ボールゲーム：パチパチキャッチ・床タッチキャッチ 「難しい！」からの「できた！」を味わおう！ | 108 |
| 10月 | 走・跳の運動遊び―回旋リレー 手タッチからはじめ，最後まで全力で走ろう！ | 110 |
| | 走・跳の運動遊び―ドン！じゃんけん いろいろなコースで，走る楽しさを味わおう！ | 112 |
| | 走・跳の運動遊び―かけっこ入れ替え戦 最後まで全力でまっすぐ走ることを意識しよう！ | 114 |
| | 走・跳の運動遊び―グリコじゃんけん １歩を大きくして，片足踏み切り・両足着地を身につけよう！ | 116 |
| 11・12月 | 体つくりの運動遊び―短なわとび：授業開き なわとびの授業開きを大切にしよう！ | 118 |
| | 体つくりの運動遊び―短なわとび：その場でジャンプ 縄を使わずに，その場で真上にジャンプしよう！ | 120 |
| | 体つくりの運動遊び―短なわとび：いろいろな回し方 いろいろな縄の回し方にチャレンジしよう！ | 122 |
| | 体つくりの運動遊び―短なわとび：前回し 手首を小さく回そう！ | 124 |
| | 体つくりの運動遊び―長なわとび：大波小波・ゆうびんやさん 歌とリズムに合わせて跳んでみよう！ | 126 |
| | 体つくりの運動遊び―長なわとび：くぐり抜け（通り抜け） 回し手を必ず経験して跳ぶタイミングを掴ませよう！ | 128 |
| | 体つくりの運動遊び―長なわとび：０の字とび タイミングは縄の音をよく聞こう！ | 130 |
| 12月 | 体つくりの運動遊び―長なわとび：8の字とび 縄の真ん中を跳んでみよう！ | 132 |

| 12月 | ゲーム―ボールゲーム：壁ぶつけ |
| --- | --- |
| | 体全体を使って，正しい投げ方でどんどん投げよう！ ……………… 134 |
| | ゲーム―ボールゲーム：キャッチボール |
| | 相手の胸に投げてみよう！ …………………………………………… 136 |

## 3学期は「実行・反省」の時期 ……………………………………………… 138

| 1・2月 | 体つくりの運動遊び―マット運動：丸太転がり |
| --- | --- |
| | 日々の積み重ねで「できる」を増やそう！ …………………………… 140 |
| | 体つくりの運動遊び―マット運動：ゆりかご |
| | ゆっくり・大きく，曲げ伸ばしを互いに確認し合おう！ …………… 142 |
| | 体つくりの運動遊び―マット運動：背支持倒立 |
| | 「つ」から「く」へ，そして「1」を目指そう！ …………………… 144 |
| | 体つくりの運動遊び―マット運動：前転 |
| | 肩から背中，腰と転がれているか互いに確認し合おう！ …………… 146 |

| 2・3月 | ゲーム―鬼遊び：手つなぎ鬼 |
| --- | --- |
| | 「鬼遊び」は，まわりをよく見よう！ ………………………………… 148 |
| | ゲーム―鬼遊び：じゃんけん鬼ごっこ・ドラキュラ |
| | 「逃げる」「かわす」「よける」動きを身につけよう！ ……………… 150 |
| | ゲーム―鬼遊び：子とり鬼 |
| | 相手の動きをよく見て，左右に素早く動けるようになろう！ ……… 152 |
| | ゲーム―ボールゲーム：どこまでキャッチ |
| | 動きながら捕る・投げる力を高めよう！ ……………………………… 154 |
| | ゲーム―ボールゲーム：はしごドッジボール |
| | 「投げる」「捕る」の場面を分けて取り組もう！ …………………… 156 |

| 3月 | 表現・リズム―猛獣狩りに行こうよ |
| --- | --- |
| | 班編成を解体して，たくさんの友だちと交流しよう！ ……………… 158 |

# 第1章

# 小学1年生の指導について知っておきたい基礎・基本

# いつも笑顔で！
# ともに喜び，ともに楽しむ授業を

## ★ 雰囲気をつくるのは教師の役割

　授業開きは，1年間の授業の方向性を示す大事な時間です。「この先生は，どんな授業をするのかな」と期待する子どもたちの気持ちを裏切らない授業開きは，その年の授業を左右すると言っても過言ではありません。そこで，意図的に子どもたち同士が関わる場面を多く設け，仲間意識を高めることができる内容を提示することを心がけます。また，楽しく学ぶことができる雰囲気づくりが大切になります。

　そのためには，まず教師が笑顔でいることが大切です。笑顔で一人ひとりと目を合わせることができれば，子どもたちは安心して授業にのぞむことが

できます。もちろん，子どもたちを座らせたときには教師もしゃがんで同じ目線で話をすることも大事です。教師と子どもたちの距離感が近い雰囲気づくりが大切です。

　まず，授業中は常に笑顔でいることを心がけましょう。

## ★ 授業中の空気を変えるのは簡単～前向きな言葉がけを～

　楽しい授業を進める上で大切なポイントは，温かい雰囲気であることが大事です。

　そこで，大切なことは「言葉がけ」です。1年生の授業中には，子ども同士の言葉がけよりも，教師から子どもたちへの言葉がけの方が比重が大きい傾向があります。したがって，子どもたちの授業への取り組みを左右するの

は，教師の言葉にあります。

　入学式では，緊張とこれから始まる学校生活への期待から，目を輝かせ姿勢よく話を聞ける子が多いですが，学校生活に慣れてくるとしっかりと話が聞けない子や，自分本位の行動をとる子が出始めます。そこで，注意の言葉が多くなると逆効果となります。できないことに対して「なぜできないの」や「説明したよね」というような否定的な言葉がけよりも，「頑張ったね！」や「ここまでできたなら，あと少しこうしてみれば」という肯定的な言葉がけを心がけることが大切です。授業中の空気を，一変させないように常に温かい言葉がけを意識することが，よりよい授業づくりの鍵となります。

## ★ 言葉で伝える〜友だちの運動を観察する目を育む〜

　運動している友だちの様子を見て，その身のこなしを言葉で伝えることができることは，運動のポイントを理解できている証拠です。1年生には難しいことですが，以下にまとめた項目については，1年生にもできることになります。授業中に大切にしてほしい「伝える活動」を授業に取り入れられると，授業がスムーズに流れていくと思います。

### 言葉で伝える：その① 「応援」

　一生懸命運動する力となる一因として，友だちからの励まし（応援）は大切です。勝負を好む子どもたちは勝利を目指し全力で取り組みます。
　そこで，「○○くんは，友だちのことをよく見て応援しているね！」と認めてあげる（評価してあげる）ことで，友だちの運動する様子をよく見るようになるだけではなく，運動への意欲がさらに高まります。「頑張れ！」や「すごいね！」という賞賛の声で授業が変わります。

### 言葉で伝える：その② 「喜びのバンザイ！」

　個人の運動から，チームの運動へ変わったときには，チームの頑張り（協力した結果）をどのように評価してあげるかがポイントになります。簡単なゲームから始め，勝ち負けを明確にできる指標を設け，一番になったチーム

にはチーム全員でバンザイをしてもらいます。その他のチームは,「おめでとう!」の声と拍手を送ります。勝った喜びを体全体で表現する機会と仲間を賞賛する機会を味わわせることも大事な表現活動です。初めはどの子も声が小さいですが,回数を積み重ねるごとに声も拍手も大きくなります。
　このような文化を,授業で広めることが大切です。

### 言葉で伝える:その③「回数(時間)や運動の仕方を伝える」

　授業中の友だちに対する言葉がけは,子どもたちのやる気を引き出す魔法のような言葉ばかりです。
　例えば,時間を伝える場面では,だんごむし逆立ちをお手伝いなしで5秒間できたかを確認するためにチームのメンバー全員で,「1・2・3・4・5!」と数を数えるだけですが,取り組んだ本人はもちろん,チーム全員ができた喜びを共有できます。
　運動の仕方を伝える場面では,よじのぼり逆立ちで手のつき方からの動きを声に出して伝えます。**「手をついて,よじよじよじよじよじのぼり」**とク

ラスの共通言語として,わかりやすく動きに直結する言葉を伝えることで,誰もが動きやすくなります。

　このように,言葉で伝えることで友だちの運動する様子を見る(観察する)目を育み,授業へ意欲的に参加する態度も同時に育むことができます。

## ★ 子どもたちの心が弾む授業の条件

　笑顔に溢れ，活気のある授業とはどんな授業でしょうか。私が今まで経験してきた中で出した答えは，「教師である私自身が楽しむことができているか」であると思います。そのために必要な条件を考えた結果，次の３点にまとめられます。

① **すべての子が学び易い授業**
　どのような力を身につけたいかを実現するために，教材を精選して子どもたちに提供することが大切です。学び易さは，学級の実態に合ったシンプルな教材であると同時に，ともに学び合いながらうまくなることを保障してあげられる授業であることです。すなわち，過ごしやすい学級をつくることが大切です。

② **「できそう！」「もう少しやりたいな！」とわくわくする授業**
　体育が好きな子が，「楽しい！」と思える授業や，授業で扱った教材が休み時間にも取り組もうとするものであることが理想の授業です。また，ハードルの高い教材では子どもたちの意欲が削がれてしまいます。「できそう！」と自ら積極的に取り組もうと思える教材を提示することが大事です。

③ **「できた！」「頑張ったね！」の声が響き合う授業**
　互いに認め合いながら，指導の成果を上げるためには，教材のゴールイメージを明確に示し，そのためにどのような指導をするのか計画をきちんと立てることが大事です。また，その目標へ向かい頑張っている子を認め，共有することに時間をかけることが大切です。

　このように，子どもたちの前向きな言葉が溢れる授業ができるように心がけることが大切です。また，私たち教師の役割として，他者を通して成果を上げることを最大の目標にし，子どもたちの主体性を高めること，一貫性をもってその目標の実現へ向けて時間をかけながら子どもたちとともに学ぶ姿勢も大切です。

# 2 はじめが大事！1年生の指導で身につけさせたい力

## ★ 学び合える土台づくりから始めよう（学級の風土づくり）
### ～授業で学び合える場を提供する～

　1年生の子どもたちと授業を行う上で，大切にしておくことは雰囲気づくりだと思います。私自身が大切にしている雰囲気は，

> ①　安心の雰囲気
> ②　ルールやマナーを守る雰囲気
> ③　関わり合いができる雰囲気
> ④　温かい雰囲気

以上の4点です。この雰囲気の土台を，日々の学校生活を通して身につけていきたいものです。特に体育の授業では，体を動かしながらたくさんの友だちと関わる機会が多くあります。体育の授業の特性を生かしながら，一人ひとりの力をつけられることができればと思いながら，子どもたちと向き合っています。

　加えて，授業を成立させるためには，まず子どもたちとの信頼関係がきちんと結べているかが重要です。つまり子どもたち自身が「このクラスなら大丈夫」と思える環境であることが大切なのです。自分自身が学ぶ意欲を発揮できる環境でなければ学び合いは成立しません。「学びたい！」「みんなでやりたい！」と思える風土づくりが必要です。

　まず雰囲気・風土づくり＝学級経営を大切に，**すべての子どもたちが学び易い授業の実現へ向けて日々の授業を提供することが大切です。**

## ★ 授業で運動を楽しむ気持ちを育む

　1年生の子どもたちに限ったことではありませんが，最近の子どもたちの会話の中でよく耳にする言葉があります。それは，「無理！」「だって」「でも」という，初めから諦めてしまっている気持ちを表現した言葉です。これでは前へ進むことはできません。まずは，授業を通して「やってみよう！」と前向きに取り組む気持ちを育むことを基本にします。

　そのためには，授業内で「できた！」という成功体験を多く経験させ，ともに楽しみ・喜び，さらに学びを深められる気持ちを育みたいと思っています。

## ★ どの運動もバランスよく
　　　～スパイラルで感覚をつなぐ・つなげるイメージで～

　1年生に身につけさせたい力は何かと聞かれたときに，
　「この運動は必ず取り組ませなければいけない」
　「この運動感覚は大切」
と話をすることは多くありますが，果たして本当にそれでよいのかと日々試行錯誤しています。

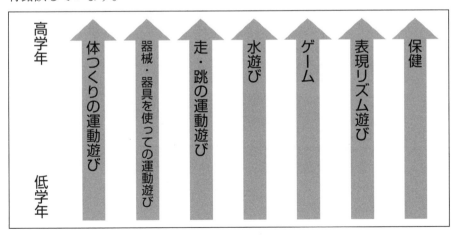

前のページの図は，授業経験の浅い時期の私自身の体育授業の考えを図にまとめたものです。各領域それぞれで身につけた力を積み上げていくイメージです。それぞれの領域をバランスよく経験していくことは変わりありませんが，それぞれの領域のつながりよりもそれぞれの領域ごとの力を身につけることに重点を置いていました。しかし，特に低学年の子どもたちと日々授業を行なっていくうちに，子どもたちに「どのような力を身につけさせたいか」「何を学ばせたいか」が少しずつ明確になってきました。見えてきたことは，体育授業の全体像をきちんと捉えて指導することです。

　そこで今では，「どの領域の運動も大切ですが，バランスよく，つながりを意識しながら様々な運動を経験できる授業を心がけています」と話をすることにしています。

　その考えをまとめると下の図のようになります。領域ごとではなく体育授業で教えなければならない内容をすべて1つにまとめて考えることが大切であるように感じています。

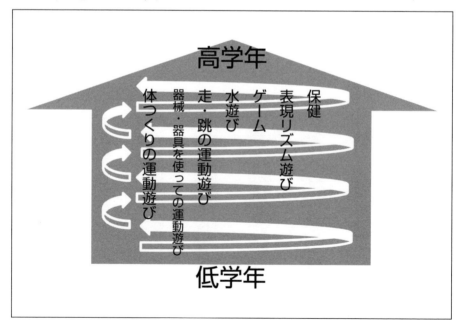

## ★ 1年生に身につけさせたい基礎感覚と具体的な運動教材例

　前述したように，1年生に身につけさせたい力はたくさんあります。私自身は，下の表にまとめた基礎感覚を特に大切にしています。

| 身につけさせたい<br>基礎感覚 | 具体的な運動教材例 |
| --- | --- |
| 腕支持 | 動物歩き・よじのぼり逆立ち・うまとび・手押し車など |
| 逆さ | 動物歩き・頭つき逆立ち・ふとんほしなど |
| 体幹の締め | だんごむし・壁逆立ちなど |
| 手足の協応動作 | 動物歩き |
| 回転感覚 | 前回りおり・前転（前回り）・後転（後ろ回り） |
| 柔軟性 | ブリッジ・ブリッジくぐりなど |
| 全力で走る | かけっこ入れ替え戦・なわとび回旋リレー |
| 片脚踏み切り・両足着地 | 左右のケンケン・グリコじゃんけん |
| ボールの投捕・蹴る・弾く | キャッチボール・壁ぶつけ・はしごドッジボール |
| 潜る・浮く・息継ぎなど | ボビング・ふし浮き・けのびなど |
| 縄の操作 | 短縄（回旋） |
| 回旋する縄への対応 | 長縄（8の字とび・0の字とび・くぐり抜けなど） |

　また1年生には，「力を出し切る」「全力で走る」「逆さになる」ことを大切にしています。「力を出し切る」ことは，自分自身の力を実感できることにつながります。「こんなこともできるんだ！」「初めてできた！」と全力で運動した結果，達成感と成就感を獲得し，次の新たな運動へ向かうことができます。

　これから始まる体育授業に向かう気持ちづくりと，基礎感覚を育む1年生の授業はとても重要であることは間違いありません。そのために，しっかりとした計画と，全体像を意識した授業を心がけたいです。

# 3 1年生（低学年）の授業が肝心！<br>中高学年につながる授業

## ★ 小学校6年間の基礎づくりの1年間
### ～様々な力を育む機会を保障する～

　1年生の子どもたちは，学校生活の中心が学習となり，毎日一生懸命学習に励んでいます。学習する内容は多岐にわたります。そして，様々な授業を通して多くの力を育み，自分の力でこれからの時代を切り拓いてほしいと願っています。小学校生活は6年間と長い期間であり，身につけてほしい力も多くあります。そこで，大切なことは指導する私たちが学習内容を精選し，どんな子に育ってほしいのかゴールイメージを明確にしながら計画・授業を行うことです。また，身につけさせたい力に偏りがないように，バランスよく体を動かせる機会を保障することも大切です。

## ★ 低学年の学習内容はシンプルに
### ～細かい動きより，体全体を使ってダイナミックな動きを主とした活動を～

　運動することが大好きな子どもたちですが，1年生に指導する内容は，できる限りシンプルにすることが望ましいです。その理由としては，細かい動きの説明をしたり，複雑なルールの説明をしたりしても理解に時間がかかってしまい，体を動かす時間が少なくなってしまうからです。体を動かす時間をきちんと保障し，「できた！」という成功体験を多く経験させてあげられる授業づくりを心がけます。

## ★ 楽しく参加する気持ちを育む授業
### ～喜びを共有する，喜びの儀式を定着させる～

　1年生の子どもたちは，まるでスポンジのようにたくさんのことを吸収し，

日々成長していきます。それだけではなく，「先生，見て，見て！」や「ぼく（・わたし），こんなことができるんだよ！」と自分のできることやできたことを見てほしい，認めてほしいという気持ちを強く持っています。

そこで，1年生の子どもたちには「ゲーム化」した教材を意図的に多く行います。「ゲーム化」した教材を扱うことで，同じ動きを繰り返し行い自然と運動の定着が図れます。

「ゲーム化」した運動では，動きの定着と同時に，喜ぶ機会や悔しがる機会が増えます。従って，喜びと悔しさを授業内でたくさん経験できる特徴もあります。一人ひとりが頑張った成果を，お互いに認めることで，さらに意欲的に活動し，次の活動へつながります。

私は，ゲーム化した運動で頑張って目標を達成した子や記録が更新した子，そして勝敗が決まった後には「儀式」を行うようにしています。その儀式は，次のようなものです。

---

（頑張って目標を達成した子や記録が更新した子には）
T：「今の運動で○○秒できた人は立ちましょう」や「今回記録が伸びた子はいますか？　記録が伸びた子は立ちましょう」
T：「頑張った人は大きな声で！」
T：「せーの！」
C：「バンザ〜イ！」
（その他の子は拍手や「おめでとう！」と声をかける）

---

（勝敗が決まった後）
T：「○班の勝ち！」や「赤帽子の人は○人でした」
T：「せーの！」
C：「バンザ〜イ！」

---

第1章　小学1年生の指導について知っておきたい基礎・基本　17

1年生の子どもたちは，喜怒哀楽を素直に表現できる子が多いですが，中にはクラスの雰囲気に慣れるまでに時間がかかる子や苦手な子もいるので，体育の授業では意図的に全員で喜ぶ機会・称賛する機会をつくります。このような習慣を数多く経験し，授業に楽しく参加しながら，ともに喜ぶ気持ちを育みます。

勝った人はバンザイをし，負けた人は拍手をすることで，次の活動へのやる気が高まります！

## ★ 仲間の声に耳を傾ける〜頑張る姿を見て，自分自身の活動に生かす〜

　1年生は，自分のことを行うだけで精一杯と思いがちですが，決してそんなことはありません。「1年生だから」とか「そんなことはできないよ」と手をかけすぎることはせずに，「頑張ってやってみよう」と背中を押してあげることが大事です。また，幼稚園・保育園では，最上級生として園を引っ張ってきた子たちです。その力を最大限に引き出すことができるのは，「友だち（仲間）」です。

　私たちが子どもたちを前向きにする（やる気を育む）言葉がけをすることも大事ですが，より効果的なのは，仲間から頑張る姿を見てもらったり，見たりすることで，学習に向かう気持ちがより一層高まります。

---
「○○くんの動きは，〜〜のような動きだね」
「わたしも○○さんのように速く走りたい！」
「○○くんの応援のおかげで，回数が増えたよ！」
---

　というように，「仲間」が生み出す力を感じながら学習に取り組んでほし

いと思います。学習において「仲間」は不可欠です。自分を高めてくれる仲間の声に耳を傾けることができる子どもたちを，低学年のうちに育てることができる授業づくりが肝心です。

## ★ 関わり方を知る〜自ら進んで関わりを持とうとする気持ちを育む〜

　子どもたちを取り巻く環境が著しく変化し，子ども同士の関わり方についても教えなければわからない子が多くなってきました。しかし，このような状況は昔も今も変わらないことで，きちんと関わり方を教えれば必ず身につくことだと思います。また，学級という集団があるからこそ身につきやすいということを私たちが意識しながら指導に当たることも大切です。

　そこで，体育授業では意図的に関わりを多く持たせるようにします。１年生の自分本位の言動が多く見られる特性を，授業を通して変えることができれば，子どもたちもその変化を実感できます。第３章では，様々な運動教材を紹介しますが，どの運動にも「お手伝い（子ども同士の相互補助活動）」があります。お手伝いを通して，関わり方を学び，「友だちがいてくれたからできた！」とできるようなった友だちの姿を見て，頑張ろうと思える気持ちを育みたいと思っています。

## ★ 低学年の授業スタイルの確立と学習内容がその後の授業につながる

　高学年の国語や算数の授業で教材を扱うときには，低学年の教材で気をつけるポイントを必ず確認します。体育の授業でも同じことが言えます。学年が上がるごとに，「どうしてこの運動ができないのだろう」と感じる先生方は多くいると思います。

　しかし，子どもたちには何の責任もありません。教える私たちの責任ですので，きちんとした授業スタイルの確立と学習内容の精選を心がけ，日々の授業へのぞんでほしいと思います。

# 組み合わせ単元でやる気と自信を育もう

## ★ 1年生の特徴に合った授業スタイル
　　　～短い時間集中して取り組める特性を生かして～

　「組み合わせ単元」って何だろうと思われる先生方も多いかと思いますが，**1時間2教材を扱う授業スタイル**です。私が組み合わせ単元の授業と出会ったのは，夏の筑波大学附属小学校での研修会でした。1時間に2つの教材を行うことで，どのようなメリットがあるのかと興味深く参観しました。授業中の子どもたちは，生き生きとしており，新たな教材に意欲的に取り組んでいました。その姿に，強い衝撃を受けたことを今でも覚えています。研修会に参加した後に，自分なりに組み合わせ単元を導入し，取り組んでみました。当時は学年・教材に関係なく組み合わせ単元で授業を行ってみました。

　1時間1教材は，高学年のボールゲームの授業など，45分間の授業の方が効果的な場合があります。ただ，効果的な部分よりもあっという間に学ぶ教材が終わってしまい，子どもたちの意欲の高まりが少なく，日常化も難しい面があります。そもそも，1年生の場合は，まず集中力が長続きしません。鉄棒の授業を例にしてみると，1時間1教材の場合5回の授業はおよそ2週間で終了してしまいます。「もう少しやってみたいな！」と思うよりも，先に手が痛くなり，嫌になってしまう子どもたちが多くなり，前向きな気持ちになる前に終了してしまいます。また，鉄棒を45分間行うことは効果的では

| 回数 | 1 | 2 | 3 | 4 | 5 |
|---|---|---|---|---|---|
| 45分 | 鉄棒 (45分×5回) | | | | |

なく，鉄棒が苦手な子にとっては，体育の授業が苦痛な時間となっていたと思います。

しかし，1時間2教材の単元構成であると同じ鉄棒の授業が10回となり，およそ1か月間鉄棒に触れる機会が保障されます。長く運動に触れることで，確実に力が身につきます。

| 回数 | 1 | 2 | 3 | 4 | 5 | 6 | 7 | 8 | 9 | 10 |
|---|---|---|---|---|---|---|---|---|---|---|
| 20分 | \multicolumn{10}{c|}{鉄棒（20分×10回）} ||||||||||
| 25分 | \multicolumn{10}{c|}{壁ぶつけ（25分×10回）} ||||||||||

現在では，年間を通して1時間の授業の中に，2つ以上の単元（教材）を扱う授業を行っています。低学年だと3つ扱うこともあります。このように，短い時間で，数多く，長い期間運動する方が，子どもの感覚・技能は確実に伸びます。実際，授業で子どもを見ていて実感しています。

低学年の子どもたちにも合っていて，短い時間で集中して取り組み，十分に楽しんで力をつけています。

## ★ 組み合わせの単元は，準備・片付けが少ないものを

組み合わせの授業では，授業で準備するものが少ないものをおすすめします。授業前にラインを引いたり，用具を準備したり，1年生にあれもこれも準備させることは避けたいことです。準備するものがあったとしても，同じ時間に授業を行う他の学級の先生と協力して準備し，時間で区切って行うことができれば，先生方の準備も軽減されると思います。

## ★ おすすめの組み合わせ単元～本校の組み合わせ単元から～

■おすすめの組み合わせ単元その①「短なわとびと長なわとび」

　おすすめの理由は，以下の通りです。

---

① 　用具の準備が少ない
② 　広い場所でなくても活動が可能
③ 　細かい説明が少ない
④ 　活動場所の移動が少ない
⑤ 　ペアと班編成も簡単にできる

---

　おすすめポイントとして，③で示したように，細かい説明がほとんど必要ないということです。1年生に初めて長なわとびを指導するときには，縄の持ち方と回し方だけ，とシンプルにします。1年生にとってはすぐに運動に取り組める楽しく・嬉しくなる組み合わせです。

　短なわとびは，できる種目（技）を多くすることと，できるようになった子が先生役になって教え合う授業プランを立てます。このような授業で，子どもたちの主体的に学ぶ気持ちが育めます。

　長なわとびでは，個人ではなく班ごとに記録をとり，跳べる回数を増やすために取り組む協働的に学ぶ姿が見られます。

　従って，2教材の組み合わせでは，実際に運動する時間が確実に確保されます。

　次ページ上の写真は，「短なわとびと長なわとび」の授業の1コマです。前半の20分は短なわとびを行い，後半は同じ班で長なわとびを行っています。このように，同じ動きを繰り返し行い両方の技能の定着が図れます。

　授業をする先生方にとっては，「準備する用具が少ない」という点もおすすめポイントの1つです。

### おすすめの組み合わせ単元その②「鉄棒(ぶらさがり)とかけっこ入れ替え戦」

おすすめの理由は，以下の通りです。

① 走の運動と器械（鉄棒）運動とバランスのよい組み合わせである
② 様々な運動感覚を使う
③ 達成感が多く味わえる

　おすすめポイントとして，②に示したように，この組み合わせは1年生に身につけさせたい運動感覚をたくさん使います。
　鉄棒は，ぶらさがることを中心に行うので，「逆さ感覚」と「体幹の締め」と「弛緩（脱力）」と数多くの感覚を身につけられます。
　かけっこ入れ替え戦は，「全力で走る」というわかりやすい運動であり，「競走する」という子どもたちの大好きなゲーム要素が盛り込まれているので，子どもたちには授業後にたくさんの達成感を味わうことができます。入れ替え戦はルールを理解するのに時間がかかる場合があるので，1年生は順位のみを記録させます（中高学年では，タイムも記録します）。
　「入れ替え戦」は取り入れると，繰り返し同じ動きを行う運動でも，常に新鮮な気持ちで取り組める授業の方法の1つです。短時間で区切り，集中力が高まる組み合わせ単元の特性に，最もマッチすることがおすすめのポイントの1つです。

# 5 体育の授業で子どもたちの遊びを変える〜日常化・習慣化へ〜

　私は，子どもたちには体育の授業を通して，これから生きていく未来で自ら運動・スポーツに親しむ気持ちを育んでもらいたいと思っています。そして，授業内で得た達成感や成就感を自分自身の生活の中にも取り入れてほしいと願っています。1年生の子どもたちは，楽しい教材を提示するとすぐに反応が返ってきます。休み時間や家庭で学習した運動に親しみ，「先生，○○ができるようになりました！」と笑顔で話してくれる毎日が送れるような授業を日々取り組むことで，より充実した学校生活を送るとともに，休み時間に同じ運動を行うことで，子どもたちが協働的に学ぶ気持ちも育めます。

## ★ 動く楽しさを味わう機会を増やす〜魅力ある教材の提示〜

　日々の授業を行う上で，みんなで笑顔になる授業づくりを心がけています。また，私は「教材を教える」のではなく，「教材で教える」ことも意識しながら授業をしています。特に，1年生の授業では子どもたちが「やってみたい！」「できそう！」「おもしろい！」と思える授業を行うことによって，授業だけではなく休み時間の子どもたちの様子も変わってきます。
　私が1年生の授業を行う上で大切にしていることは，基礎感覚をしっかりと身につけることです。身につけるためには，「量」を保障してあげなければいけません。また，「量」の意識と併せて大切にしているのは「方法」や「関わり方」を通して「楽しさ」を教えることです。その結果，自ら進んで時間を見つけ運動するようになります。
　このように，自分自身で運動に対して前向きになる気持ちを育むことができるような教材の提示をしたいものです。

　上の写真は，初めて短なわとびの授業を行った次の日に提出された日記です。日記の中に記されているように，「できるようになると，とてもたのしいです」という子どもの素直な感想があり，「これからもれんしゅうをつづけたい」という意欲の高まりも見られます。ただなわとびを繰り返し跳ばせるだけの授業ではなく，上手に跳ぶためのポイントをしっかり抑え，ゲーム化しながら「できた！」から「もう少しやりたい！」と思える授業を行うことで，子どもたちの「上手になりたい」という欲求を満たせる教材を多く子どもたちに提示していき，休み時間の遊びも変えていきたいです。

## ★ 身近なところに用具があること
### 〜授業で使った用具は貸し出しOK！〜

　次頁の写真は，本校の職員室前の様子です。手前のカゴには，鉄棒の補助具と長縄が置いてあります。こうすることで，授業で学んだ運動を休み時間にもできる環境になります。以前は長縄を学級に1，2本を分配していましたが，授業以外で使用する姿は少なかったです。しかし，授業で教材の提示を工夫し，環境を変えることで休み時間の遊びは大きく変わりました。ちょっとした工夫で子どもたちの気持ちが変わる仕掛けを考えてみてはいかがでしょうか。

> いつも手が届く場所，誰もが目にしやすい場所に用具があることを知っていることが，子どもたちのやる気をさらに育みます。

## ★ 休み時間にも夢中になった教材例

　授業の終わりに，「え⁉　もうおしまいですか？」や「先生，もう１回やらせてください！」という言葉が聞こえたときは，とても嬉しくなります。しかし，このまま次の体育の授業を待つ時間はもったいないと思います。子どもたち自身から発信された「やりたい！」という気持ちに応えられることはないかを考えたときに，休み時間が効果的です。そこで，休み時間に子どもたちだけでも取り組める教材の代表である鉄棒と長なわとびと短なわとびについて簡単に紹介します（※詳しくは３章で紹介します）。

### 鉄棒：ふとんほしじゃんけん

　授業で経験したことが手軽にでき，準備する用具もありません。何より，自然とたくさんの友だちと関わりながら，逆さ感覚を養うことができます。この感覚が，後に学習する「だるま回り」へと発展していきます。また，校庭で遊んでいるのは１年生だけではなく，たくさんの上級生がいます。「ふとんほし」で遊んでいる１年生の近くで，「だるま回り」の練習をしている上級生を目にして，「すごいな！」とまだ未経験の技に憧れや「やってみたい」という欲求も生まれ，運動の質も変わっていきます。

| 短なわとび：生きのこり・長なわとび：大波小波，ゆうびんやさん |

　短時間でも確実な運動量を確保できる「短なわとび」と，仲間意識を高めるには最適な「長なわとび」は用具を使用する運動です。

　短なわとびは，1人1本持っている用具で，集まった友だちと跳んだ回数や時間を競い合うことができます。1年生は，前回しや後ろ回しの「生きのこり」を中心に行っている様子をよく見ます。わずかな時間でも，相手がいることで自分の記録の更新ができることも多くあります。

　長なわとびは，授業で組んだグループで取り組んでいる様子を目にします。全員が合格できるように，友だちに声をかけ校庭へ出かけています。このときにも，上級生が回し手となり，1年生に優しく教えてくれることもあり，上手になるコツを掴めます。

## ★「運動したい！」と思う子どもたちのために～私たちの役割～

　下の写真は，雨が降ってしまった日の出来事です。子どもたちがてるてる坊主をつくってくれました。このように，今学んでいる教材が楽しく，自ら学びたいという気持ちを育むことが私たちの役割です。学級の仲間と楽しみながら運動と親しんでほしいです。

> 運動の日常化を学校の文化にするためには，日々の授業が大事です。

# 第2章

# はじめの一歩！
# 授業マネジメント

着替え

# 着替えは素早く・きちんとしよう

　1年生で身につけさせたいことはたくさんあります。体育の授業では活動量の保障を大切にしています。そのためには，教師自身はしっかりした準備が必要です。そこで，子どもたちはどんな準備が必要になるでしょうか。よりよい体育授業への大事な準備の1つが「着替え」です。素早く・きちんと準備ができれば，気持ちよく授業がスタートできます。体育の授業だけではなく，他教科でも授業開始のチャイムと同時にスタートすることは，子どもたちに身につけさせたい力の1つです。しかし，体育の授業は，他の教科と違い着替えや校庭・体育館への移動など大きな壁がたくさんあります。素早く・丁寧に着替えをすすめるためには，次のような壁が考えられます。

●子どもたちにとっての壁（その1）「おしゃべりに夢中で手が止まる」

　1年生に限ったことではありませんが，子どもたちにとって学校生活の中で楽しい時間は，休み時間の遊びの時間や，友だちとのおしゃべり，そして授業内に「できた！」「わかった！」と実感できた時間だと思います。その中でも，おしゃべりは子どもたちにとって楽しい時間なだけではなく，おしゃべりをするとその子自身の幸せ度（幸福度・満足度）がアップするとても大切な時間でもあります。しかし，そのおしゃべりが着替えの大きな壁となります。そこで，おしゃべりをせずに，着替えに集中させるための工夫が必要です。

●子どもたちにとっての壁（その2）「畳み方がわからない」

　入学前の家庭での経験の差や，教室での着替え，という新しい環境で戸惑っている子など，様々な原因の中でまず解決しなければいけないのが，きちんと服が畳めるように，畳み方の指導を明確にすることです。しかし，1年生ですので，口で「こうしなさい！」と言っても理解できません。どのように畳むか方法をわかりやすく指導することが必要です。

●子どもたちにとっての壁（その3）「時間の意識が低い」
　1学期の学校生活で子どもたちが戸惑うのは，遊びが中心だった幼稚園や保育園での園生活から，学習中心の小学校生活へシフトチェンジすることだと思います。一番大きな違いは，「1時間目は何時から始まり，何時に終わる」「休み時間はいつまで？」という時間割に慣れることだと思われます。勝負は，学期初めの短期間で時間の意識を高めることです。

●子どもたちにとっての壁（その4）「着替えに個人差がでてしまう」
　素早く着替えられる子と，なかなかてきぱきと着替えられない子と学級には様々な子がいっぱいです。しかし，授業の開始時刻は変えられません。また，授業の準備もあり，手をかけてあげることができないこともあります。経験の差との関わり方もありますが，できない子に対してどのような配慮をしてあげるかによって，学級の友だちへの関わり方も変化します。ポイントは，「できたこと褒め，価値づけること」です。

## ★ おしゃべりに夢中で手が止まる子には今何をする時間か伝え，「着替えの時間」をしっかり確保する

　わずかな時間で着替えを終え，校庭や体育館へ移動することは，1年生にとってはとても難しいことです。そのためには，確実に着替えの時間を確保してあげることです。前の授業が伸びてしまい，着替える時間がなくなることのないように，時間をしっかり守る，と教師自身が見本を見せることが大事になります。これは，体育の授業ばかりではなく，そのほかの授業でも言えることであり，まずは教師が見本を示すことが大事です。
　そして，「今は着替える時間」ということを強調し，一生懸命着替えている子には，「頑張ってるね！」とその場で褒めてあげるようにします。このような即時評価で「先生は頑張っている子を褒めている」という価値づけをしていきます。こうしたことを数回経験し，体育の授業の前の5分間は着替えの時間であることをしっかりと意識づけすることで，子どもたちは着替えに集中できるようになっていきます。

また，全員が着替えが終了し，チャイムと同時に始められたときには，「素晴らしい！」「みんなが一生懸命着替えたから，たくさん運動ができるね！」と褒めてあげることと同時に，早く着替えることのメリットを伝えると，さらに意欲が高まります。
　このように，おしゃべりをしないことで素早く着替えられることを数多く実感させることが第一歩となります。

## ★ 畳み方がわからない子には正しい畳み方を教える
### 〜誰もができる環境をつくる〜

　畳み方の指導は，誰もがわかるように可視化することをおすすめします。
　左の写真にあるように，登校後の子どもたちに綺麗に整頓されたロッカーを映しておき，整理整頓の大切さを日頃から意識させます。
　その一環として，体育着の畳み方もしっかりと指導します。
　今まで着ていた服は，左の写真のようにきちんと畳み，机の真ん中に置いておくように指導します。机の真ん中に置く理由としては，机から服が落ちないようにするためと，隣の席の子と服を間違えないようにするためです。畳み方は学校でも指導しますが，懇談会や学年通信などで家庭でも畳み方の練習をお願いすることもあります。
　授業が終わり，体育着をきちんと畳み，ロッカーにしまうことができるまで，丁寧に1つずつ指導します。この繰り返しで，綺麗に畳む習慣が身につきます。このように，1つずつできることを増やしていきます。

## ★ 時間の意識が低い子は時計に目を向けさせる

　入学当初は，時間の意識が乏しい子どもたちが多く見られます。そこで，時計に目を向けさせるために，全員が着替え終わるまでにどのくらいの時間がかかるか計測することから始めます。

　「何分かかった」ではなく，「次の着替えの時間は何分早くなるかな？」とゲーム感覚で取り組ませると楽しみながら一生懸命取り組みます。少しでも早くなったときには，「新記録だね！　素晴らしい！」と褒め，記録をメモしておくと自分たちの伸びを確認できます。このような経験を積み重ね，着替えの時間が定着したときに，「長い針がいくつを指すまでに着替え終われるかな？」と今までとは違う方法を示してみます。時間内にできれば，「よくできたね！」と褒めます。

　こうなれば，子どもたちに着替えを任せることができますが，時々抜き打ちで時間を測ってみることも必要です。やはり，手をかけすぎず，**最後まで目をかけてあげること**が低学年には大切なのです。

## ★ 着替え時間に個人差がでてしまう子には時間の差をなくすために協力体制を～クラス全体でできたことを共有する～

　素早く・丁寧に着替えることができるようになった子は，時間にゆとりが生まれます。その反面，学級の中にはどうしても着替えが苦手な子や，手のかかる子がいます。その子たちが素早く着替えられるように，「助け合い」の心を育むことを狙う言葉がけをします。1年生は自分のことを行うだけで精一杯ですが，早く着替え終わった子には，「○○さんのことを手伝ってくれる？」とお願いすると，喜んでお手伝いをしてくれます。自分のお手伝いにより，できなかった子が時間までに着替え終わることができることで，両者に達成感を味わわせることができます。このような子が，1人増え，また1人増えることで，学級全体で「できた！」を共有できることを大切にしたいです。

### 整列・点呼方法

# 授業前に約束事を決めておこう

## ★ 先生は子どもたちよりも先に

> 「登校してくる子どもたちを笑顔で迎えることは，教師として最低限の仕事です。特に低学年の担任は，朝登校してくる子どもたちを笑顔で『よく来たね！』と迎える愛情が必要です。」

　この言葉は，私が教員になった年の初任者研修の際に大先輩から言われた言葉で，今でも心の中に深く刻まれており，毎日子どもたちの表情や声のトーンでその子の調子を見極めています。体育授業でも同様に，授業にのぞむ子どもたちがどんな表情で体育館や校庭に集まってくるか待つことは大切です。

　日々の授業の準備や，子どもたちの様々な対応で忙しい先生ですが，「子どもたちより先に」を心がけ，のぞむことで授業もスムーズに入れます。

## ★ 授業の始まり〜号令は共通の言葉で〜

　校庭や体育館に集まったら，整列し授業を始めます。この動きはどの学校でも同じことですが，本校で始めるときには，毎時間同じ言葉を使うようにしています。同じ言葉で行うことで，リズムが生まれると同時に，気持ちを1つにスタートすることができます。本校では次のような言葉を使っています。

> （帽子をとってから）
> C（日直）：先生の方を向いて。
> C（日直）：気をつけ。（4月のはじめは「よい姿勢」）
> C（日直）：礼。
> 全　員：よろしくおねがいいたします。
> 　T　：よろしくおねがいします。
> （帽子をかぶる）

　学校によって授業の始まり方と終わり方には，違いがあるのでその動きを大事にすることが大切です。心を1つにするわずかな行動ですが，積み重ねにより，きちんと"時間通りに始められたこと""姿勢のよい子""元気に挨拶をしてくれた子"を褒めることで，クラス全体が前向きな雰囲気で始めることができます。授業の始まりは前向きな言葉がけを心がけることが大切です。

## ★ 並び順は1年間変えずに

　1年生の子どもたちには，できるだけいろんな場面で多くの友だちと関わりを持ってほしいと思っていますが，体育の授業でも同じです。

　本校の並び順は背の順で，男女混合（人数の都合で男女のペアが組めないこともある）で構成しています。この班編成は**1年間固定**です。その理由は，次の通りです。

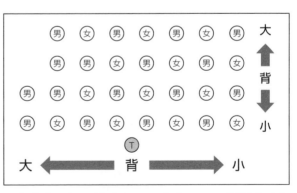

① 誰が休みであるか，見学が誰かなど様々な状況を把握しやすい
② 班編成を変えないことで互いの理解が深められ，関わりやすくなる
③ 背が同じくらいであるため，活動しやすい
④ 男女の仲がよくなる
⑤ 教材に応じて，班対抗・2班ずつの対抗戦・列ごとの対抗戦と様々なバリエーションにすぐに対応できる

　ここは，整列・点呼方法について述べる場であるので，①について詳しく説明します。

　普通，教室で算数や国語の授業を行うときには，チャイムがなり座席に座っていない子どもがいれば，一目瞭然でわかります。しかし，体育の授業で並び方（集合）が固定していなければ「誰が休みで，見学が誰か」がわかりづらいです。体育も教室の座席のように，固定した場合には，「今日は，○○さん休みね」と子どもたちに確認できます。

　また，私は授業のときにはＢ５スリムサイズ（Ｂ５サイズよりも若干小さいサイズ）のノートを補助簿として活用しています。その補助簿には，次頁の図のようなメモ欄を用意してあります。そこには，出席状況や授業内での取り組みの様子を素早くメモできるようにしてあります。もちろん，普通の名簿もあり，そこには，タイムや回数などを記録して，用途により使い分けています。子どもたちはもちろん，私たちにとっても並び方が固定されていることのメリットはたくさんあります。

| 1年梅組（夏苅学級） | | ○月○日（　　） |
|---|---|---|
| 教材名：○○ | | |
| （児童名男子） ㊢ | （児童名女子） | （児童名男子） |
| （児童名女子） | （児童名男子） | （児童名女子） ㊫ |

## ★ デジタル機器を効果的に使おう

　並び方や整列の仕方を覚えるには，個人差があります。その時間差をなくすには，周りの子どもたち同士の助けはとても大切です。しかし，初めは周りの子も覚えていないこともあります。

　そこで，私が活用しているのは，デジタル機器（iPad）です。

　特に，入れ替え戦の組み分けは，確認のために各組みのメンバーを撮影しておくと，互いに安心して授業にのぞむことができます。

　もちろん，自分たちでもメンバーを覚えるように確認しますが，特に1年生には効果的です。

**教室移動**

# 教室移動の並び方はいつも同じにわかりやすくしよう

## ★ なぜ並んで移動するの？

　「着替え終わった子から校庭や体育館へ移動してもいいじゃないの？」と思われる先生方が多いと思います。しかし，1年生です。もし1人ずつばらばらで校庭や体育館へ移動したらどうなるでしょうか。並んで移動する理由は次の通りです。

　1つ目は，優しい気持ちを育めるからです。一人ひとりで体育館や校庭へ出かけると，並べない子が必ずいます。結果，その並べない子は1人不安な状態になります。その不安な状況をなくすために，クラスのみんなで一緒に移動することは学級の仲間に対する思いやりの気持ちを育みます。そして，時間に間に合わない子には，周りが優しく声をかけてあげたり，お手伝いをしてあげたりとクラスの温かい雰囲気をつくることができます。自分たちの手で生活を築く大切な活動でもあります。

　2つ目は，集団行動の一環です。クラスでまとまって行動する機会は，それほど多くありません。「前へならえ」や「小さく前ならえ」，2列から4列へ，4列から2列へ列の増減など，基本的な集団行動を身につける機会としても大切です。

　したがって，わずかな時間ではありますが，教室移動のときに列を揃えて並ぶ機会を積み重ねていけば，1年生の終わりには，きちんとした集団行動が見られるようになります。

## ★ 教師の立ち位置は〜移動の仕方をどう身につけさせるか〜

　私自身，2018年度は1年生の担任と1年生〜3年生の体育の授業を担当しています。4月の初めのころは，子どもたちと一緒に移動することから始め

ます。初めは，列の先頭に立ち，体育館や校庭に移動します。その後は，列の後ろから見守り，少しずつ手をかけずに自分たちで行動させます。しかし，きちんとできているか見届けることは忘れないようにします。そして，状況を見て自分たちだけで移動できたときには，「きちんと並んでくることができて素晴らしいね」と褒める（認める）ことで，習慣化されるようになります。

　最終的には，自立した学級を目指していくことを目標に，「手をかける」段階を経て，「目をかける」「見届ける」ことを意識しながら共に歩んでいければと思っています。

## ★ 移動しているときから授業が始まっている

　整列しているときの子どもたちの様子を見ていると，こんな声が聞こえてきます。

> 「今日のうまとび新記録出せるかな」
> 「かけっこ入れ替え戦で，何位になれるかな」
> 「なわとび上手になったんだ。校庭に出たら見てくれる？」

　子どもたちは，これから始まる授業への期待を口にしている子がほとんどでした。まだ授業は始まっていませんが，すでに子どもたちは授業へのぞむ気持ちへ変わっています。整列することで，気持ちを整えられることや授業前の気持ちを互いに情報交換できるのも，並んで移動するメリットの1つです。

## ★ 体育の教室移動の基本は小さい順がおすすめ

　本校では，1年生の授業で専科教室を使用する教科は，音楽と図工です。その際には，整列して移動します。

　そこで，大切なことは，列の並び方を変えないことです。授業が始まる前に整列することを約束していますが，定着するまでには時間がかかります。きちんと並べる工夫をしながら定着を図りましょう。

　校庭や体育館への移動は，背の小さい順がおすすめです。その理由は，本校では班編成が小さい順に構成されているからです。小さい順2列（左上の写真のように）に並んで行けば，そのまま4人の班ごとに並べます。教室から校庭や体育館の集合場所で整列するまでを一連の流れになるようにすると，子どもたちもスムーズに学習へ入ることができます。

教室への帰り道も並んで帰ります。
その日の授業の振り返りをしている子が多く見られます。ここも大切な関わりの時間です。

## ★ 算数の授業と関連させる〜「なんばんめ」の授業を活用する〜

　1年生の算数の単元に「なんばんめ」という単元があります。この単元の授業までに，体育の授業は行われていますが，算数の授業でも，並び方の確認をします。次のページの写真は，2列と4列の様子です。

---
「2列のとき，自分の場所は前から何番目？」
「4列のとき，○○さんは何番目？」

---

というように，自分の場所はもちろんですが，友だちの場所も確認します。

　また，ワークシートを活用することもおすすめします。1年生の4月の段階でも記入できる簡単なワークシート（下の図参照）を準備し，並び方が定着するまで担任がまとめて持っているようにします。
　やはり，1年生は視覚的な支援の工夫が必要であり，こういった工夫で安心して学習に迎えられるようにします。

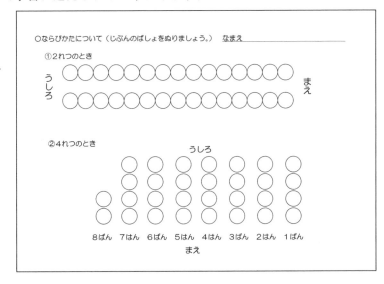

集合

# 校庭・体育館の集合場所を決めておこう

　教室で行う授業では，チャイムがなれば自然と自分の座席に着席して授業が始まります。当たり前のことですが，体育の授業では校庭と体育館には自分の座席はありません。また，1年生は3回の授業を続けて行っても，前の日のことを忘れてしまうことが多くあります。そこで，体育の授業でも座席のように指定席を決め，心を落ち着かせた状態で授業をスタートしたいものです。

## ★ なぜ集合するのか？
　　〜見たり（観察したり）・聴いたり・考えたりする場面を意識する〜

　「集合」と聞いて連想することはどんなことでしょうか。集まって話をしたり，考えたりすることを連想すると思います。体育の授業で「集合する場面」とはどんな場面でしょうか。考えてみましょう。

---

① 授業の始まりと終わりの場面
② 説明を聞く場面，説明する場面
③ お手本となる子の様子を見る（観察する）場面
④ 作戦を考える場面
⑤ 順番を待つ場面
⑥ ノートに記録する場面

---

　このように，教室で行われる授業にはない状況が数多くあるのが体育授業の特徴でもあります。どの場面も集合する意味があり，その意味を1年生がわかるよう教えることが大切です。
　どれも大切な場面ですが，1年生にはあれもこれもと教えては混乱してし

まいます。また１年生の授業では，④の場面は多くありません。考える（思考する）ことも大切ですが，私自身は①・②・③を中心に教えています。

（※⑤については，運動している際に「待ち方が立派だね」「応援しながらしっかり待てていたね」と全体の前で褒めることを積み重ねれば身についていきます）

> ①の場面は，毎時間必ずありますが，大切なのは私たち教師がその集合場所に先にいることです。時間通りに始められた場合には，「褒める」ことで，習慣化されます。
> ②の場面は，説明しやすい場所や説明を聞きやすい場所を選びます。子どもたちの気をひくものがない，説明を見聞きすることに集中できる場所が望ましいです。
> ③の場面は，観察しやすく安全な場所を選びます。１年生には距離感がつかめない子が多くいます。お手本となる人（子どもの場合や私たち教師の場合がある）と観察する子たちの距離感をきちんと示してあげる必要があります。

このように，それぞれ集合する意味を教師が理解し，きちんと子どもたちにも教えていく必要があります。何事も初めが肝心です。

## ★ 一目でわかる掲示物を活用しよう

右の写真は，本校の昇降口脇の掲示板に示されている体育の授業が行われる場所を知らせる予定表です。

授業担当者で打ち合わせし，朝登校した子どもたちが確認できるようにしておきます。子どもたちが迷わないように，１年生にもわかりやすい掲示物を活用し

てみてはいかがでしょうか（※1年生には，授業開きの際に授業を行う場所を知りたいときには，この掲示を見てくださいと伝えておきます）。

## ★ 体育ノートに記録する〜ノートがないときは，黒板で〜

　本校では，10月から1年生にも体育ノートを書かせています。時間はかかりますが，子どもたちに自覚を持たせるとともに，振り返りを大切にするために使用しています。ノートに記録する内容は次の通りです。

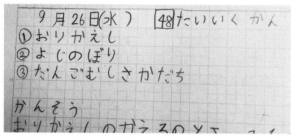

(1) 日づけ，よう日
(2) ばしょ（たいいくかん，校ていと記録する）
(3) かいすう
(4) 学しゅうないよう

　(2)については，前時に伝えることができるので，事前に記録させることで一人ひとりが確実に確認できます。

　体育でノートを使用している学校は少ないと思うので，その場合は代わりに教室の黒板を活用することをおすすめします。1年生は，言葉で伝えるよりも，視覚で伝えることが効果的です。その際に，場所と必要なもの，教室を出る時間も一緒に記載しておくと，より効果的です。

## ★ 集合の場所を教える〜指定席を決める〜

　前述したように，体育の授業では集合する場面がいくつかあります。その場面ごとに指定席を決めておくことで，子どもたちは迷わず，落ち着いて行動することができるようになります。

> 校庭での授業の場合

　校庭の授業の始まりと終わりは，その時間に行う運動によって集合場所が決まります。

例えば，授業の前半で鉄棒を行う場合には，鉄棒の前に集合し，挨拶をして授業を始めます。かけっこ入れ替え戦のときには，コースのスタート地点かゴール地点に集合し，その他の運動は昇降口付近に集合します。集合場所は，学年が変わっても基本的に変更はないので，子どもたちにとっては一度覚えればその後6年間の授業は安心です。

### 体育館での授業の場合

　体育館での授業は1年生にも簡単です。基本は移動式の黒板の前に集合です。

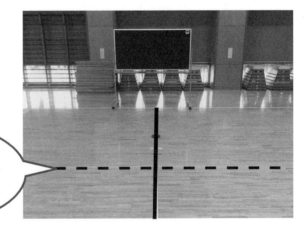

体育館に引いてあるラインを効果的に使うと，並ぶ時間が短縮できますよ。

　ただし，1年生にはもう少し詳しく説明します。上の写真に示してあるように，実線は体育館の中心ですので，このラインを中心に並びます。次に，点線部分に各班の先頭の子が並ぶように伝えます。このように1年生には，ガイドとなるものを示してあげることで，短時間で並べるようになります（※整列については，「整列・点呼方法」p.34〜に詳しく書いてあります）。

授業マネジメント 5 話の聞かせ方

# 話は目と耳と心で聴こう

## ★ 聴くことの大切さ〜子どもを理解するために聴くことを〜

　学習の基本の1つは、「聴く」ことだと思います。子どもたちが授業中にしっかりと話を聴くことができれば、学習の楽しさやおもしろさは増していきます。子どもたちのことをより理解するためには、何に満足感を得ているかを知ることだと思います。満足感が得られているかを知る方法は、「子どもたちの話に耳を傾け、子どもとよくおしゃべりをすること」です。また、子どもたちがおしゃべりしたくなるためには、表情や動作、声の大きさ、声の強弱、話し方、感情の出し方などに気を配ることが大切です。もちろん、子どもたちだけではなく、私たち大人も話をきちんと聴いてくれる人や、楽しくおしゃべりができる人と過ごす時間は楽しいものです。従って、毎日の学校生活では、「子どもたちの話に耳を傾け、子どもとよくおしゃべりをすること」を大切にし、学級という集団の中で友だちとの交流を通じて満足度を上げていくことが重要であると思います。

## ★ 話を聴くための基本は「目」と「耳」と「心」で
### 〜子どもたちと目線を合わせる〜

　授業開きの際に子どもたちに伝えることとして、「話の聴き方」があります。体育の授業は、教室での授業とは違い、校庭や体育館という特別な場所で授業を行います。私の担任する教室では、子どもたちの目線の先は必要最小限の情報にし、授業に集中できるよう、黒板の周囲には余計な掲示物は貼らないようにしています。では、体育館や校庭はどうでしょう。体育館には、マットや跳び箱などが置いてあります。従って、目線の先に何もない場所を選びます。問題は、校庭でのポジショニングです。校庭では周囲にたくさん

の情報が溢れています。そこで、子どもたちの視野が広がりすぎない場所や、すぐに活動にうつせる鉄棒の前や壁の前を選ぶことがベストです。

右の写真は、体育館で話をしているときの様子です。私の後ろには、掲示物や余計なものはありません。また、できるだけ子どもたちと目線を合わせるように座り、話をしています。このような何気ない行動が、子どもたちが話を聴こうとする気持ちにつながってくれると思います。

また、子どもたちの目線に合わせることはつい忘れがちになってしまいますがとても大事です。「上から目線」は禁物です。子どもの気持ちに寄り添って、しゃがんで、できるだけ全体を見渡しながら話をすることで、子どもたちも真剣に話を聴けるようになります。わずかなことですが、心がけておきたいことです。

★ 話をするときに最低限意識したいこと
　　　　　　　　　　　　〜日光の方向は大丈夫？〜

子どもたちに話をするときに最低限意識してほしいことは、太陽の光です。

右のイラストのように、太陽（日光）を背に話してしまうとどうなるでしょうか。もちろん眩しくて、きちんと話を聴くどころか、話をしている相手を見ることができません。子どもたちが一生懸命、話を聴こうとしても、これでは無理です。そこで、

第2章　はじめの一歩！　授業マネジメント　47

4月の授業を行う前に，校庭へ出てどこで話をするのがよいか場所を決めておくことをおすすめします。
　また，太陽は午前と午後で光の差す場所が違います。体育の授業を行う時間に実際に校庭で確認しておくと安心して授業を行えます。教師は，常に太陽と向き合いながら，笑顔で話をすることを心がけます。

## ★ 集合する場所〜無駄のない動きを心がける〜

　前述した通り「集合」する場面は多くあり，それぞれ意味を持っています。きちんと話を聴いてもらう場面も同じです。そこで，話を聴く場面ごとに集合の注意点をまとめてみます。

### 全員集合型

　授業の途中で，説明を聴く場面，説明する場面やお手本となる子の様子を見る（観察する）場面，そして全員で作戦を考えたりルールを確認したりするときには下のような隊形で座らせます。

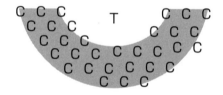

　この場面では，あえて小さな声で話をすることで子どもたちが話を聴こうとする気持ちが高まります。校庭や体育館では大きな声を出しがちですが，しっかりと子どもたちの心に届けたいときには，「小さな声で」を意識します。そうすることで，教師と子どもの対話だけではなく，子ども同士の対話の場面でもしっかりと話を聴けるようになります。

### その場型

　マットを使う授業や，短なわとびのペアでの授業の場面では，わざわざ集

合せずにその場に腰を下ろさせ、話を聴きます。一旦活動を止め、話をすることを伝えたときに、すぐに聴く姿勢になった子や班は褒めます（褒めるときは大きな声で褒めます）。

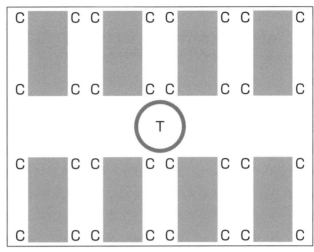

　この場合では子どもたちに伝える内容は「短く」「シンプルに」を心がけます。広がったときこそ「聴く」ことに集中できる雰囲気をつくります。

## ★ 話す内容も肝心！ ～伝えたいことはシンプルに～

　先生方は、授業内で少しでも多くのこと学ばせたいという気持ちを持って毎日の授業を行っています。その思いはよいのですが、1年生への指示はシンプルに行うことが大切です。あれもこれもと、多くのことを伝えようとすると子どもたちは迷ってしまいます。余計な言葉は言わずに、端的に話すことを心がけます。

校庭での授業のときには、ホワイトボードなどを使って、学習する内容を書くと、話す内容が絞られ、しっかり話を聞くようになります。

授業マネジメント **6** 評価の仕方

# 帽子を効果的に使おう〜即時評価を心がけよう〜

## ★ 体を動かして「できた！」の感覚を高める

　1年生だけに限らず，子どもたちにとって「できた！」という喜びは，次の活動へのエネルギーとなります。特に体育の授業では，自らの体を動かして身につけた感覚です。このような経験を繰り返し体験し，子どもたちは成長していき，学びを深めていきます。

　私は「深い学び」に対する課題の1つは，「評価」であると考えます。「深い学び」には「自ら」というキーワードがあり，その学びを進める上で，教師が「いつ」「どのように」フィードバックし，瞬時に評価をしてあげられるかで「学び」は変化します。

　そこで，私が大事にしていることは，子どもたちが「できた！」ことをその場で実感できるようにすることです。一目で自分自身の頑張りが実感できる工夫ができれば，その後の学びも大きく変わります。「声がけ」や「点数化」など様々な方法がありますが，最もシンプルでわかりやすい方法は，被っている帽子の色を変えることです（※学校によっては，帽子を被らないこともあるので，学校の授業の実態にあった方法で評価することができればよいと思います）。本校は，紅白帽を使用しており，基本白色で授業を行っています。そして，学習を進めていく中で課題をクリアしたときに帽子を赤色に変えます。とてもシンプルですが，子どもたちはもちろん私たちにとっても誰ができて，誰がまだできていないか把握しやすいです。

## ★「いつ」「どのように」フィードバックするか
　　　　　～子どもたちの学びを変えるために～

　実際に即時評価は，「いつ」「どのように」行うか，授業の様子をいくつか紹介します。

### 短なわとびの授業

　短なわとびは，学習課題が連続して子ども自身に生じます。回旋運動と跳躍運動，数多くの動きを一度に行います。一度に複数の課題が連続して生じてくるので，子どもたちには具体的に評価できるポイントを明確にしてあげることを最優先にします。

　例えば，下の写真のように前回し10回を跳ぶときに，ポイントとして「脇を締め，肘を脇腹近くにする」という友だちの運動の様子を見るポイントを伝え，そのポイントができているかを見て，その課題ができた人（合格した人）は帽子を赤にします。

　このように，見る視点を伝えたり，友だちの跳んだ回数を数えたりすることで，友だちが運動する様子を観察する目が育ち，自分自身の運動に生かせるとともに，一人ひとりの取り組みの質も上がります。

### 長なわとびの授業

　長なわとびは，小学校から始める子が多いので，できたことをその場で認めてあげることが大事です。長なわとびはグループでの評価を中心にみていきます。

　例えば，次のページの写真のように赤帽子になっているのは，回し方が合

格している子です。グループの全員が回し手の合格ができるように,「肩を中心に,大きく回すこと」をポイントとして伝えます。長なわとびについては,子どもの意識が回数に偏りがちです。特に回し手のポイントが見失われてしまわないように,回し方の大切さを意識させるために評価します。「全員が赤帽子になるように,回し方をお互いに見合いましょう」と声をかけてから,学習を進めます。すると,互いに声をかけ合いながら,運動の様子を見合い,「1人でできた!」の達成感よりも「みんなでできた!」の達成感が育まれ,一体感が強くなりその後の活動にも生かされます。

### おりかえしリレーの運動の授業

　おりかえしリレーの運動は,基礎感覚を育むにはとても有効な運動であり,共通の課題であるので,子どもたちの身についている運動感覚を見取りやすい運動であると同時に,班のメンバーとの関わり方(社会性)も学べる運動です。

　この運動で評価する点は,ルール(約束)を守っている子や応援している子,そしてタッチの仕方,一生懸命取り組んでいる子を中心に評価します。「同じ班の人のことを一生懸命応援できていたね」や「タッチの仕方が上手でしたね」と伝えることで,子どもたちに単に速いチームがよいことではなく,総合評価として価値づけていることを理解させることも意図しています。

## ★ 評価しやすい運動を見極める
### 〜評価によって「意欲」と「質」を高める〜

　前述した即時評価の仕方は，どの運動にも使えるわけではありません。それぞれの運動の特性を見極める必要があります。そして，評価をした後に，子どもたちがどのような学びをしているのか，最後まできちんと見届ける必要があります。子どもたちは，日々の授業で「できそう！」→「できた！」を繰り返し，様々な運動感覚や運動技能を高めています。その際の，「評価」はその後の運動への取り組みを大きく変える大切なポイントとなります。

　日々の授業での評価のポイントで，**「1つずつ運動のポイントを意識させ，積み上げていくこと」**を大切にし，1年生には一度に多くのことを伝えるよりも，1つずつできることを増やしていくことに重点を置いて授業を進めます。自ら体を動かし（考えながら）感覚を高められることができる子どもたちを1人でも多く育てたいと思っています。

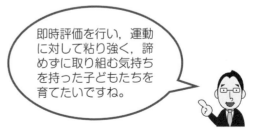

即時評価を行い，運動に対して粘り強く，諦めずに取り組む気持ちを持った子どもたちを育てたいですね。

運動が苦手な子への対応
# 動きの定着を図るためには
# ゲーム化しよう

## ★「やってみよう！」の気持ちを育む

　私自身も，小学校3年生まで全く泳げませんでした。しかし，「泳げるようになりたい！」という思いから，学校の水泳の授業も一生懸命取り組み，25m泳げたときには「やった！」と今まで経験ないほどの達成感を味わった記憶は今でも覚えています。

　私が子どものころに思ったことは，今の子どもたちにも同じことが言えると思います。特に，1年生の体育の授業は小学校体育のはじめの一歩です。「やってみよう！」「できそう！」と思える授業づくりを心がけることがとても大切です。

## ★ 授業で経験したことをつなげる

　運動が苦手な子には，様々な理由が考えられます。
① 　運動の仕方がわからない（経験したこと，やったことがない）から
② 　「怖い」「痛い」から
　以上のような理由が考えられますが，1つずつ解決していきたいと思います。

### 運動の仕方がわからないから

　小学校入学前の子どもたちの運動の経験値は様々です。運動の仕方をきちんと教えることは大切ですが，一気にあれもこれもでは余計に運動に対する苦手意識が高まってしまいます。そこで，授業内では運動のポイントを1つずつ教えていくことを大切にします。

　1年生の実態を見て，最も経験の差が大きいものは鉄棒です。経験の差が大きいだけに，できる子も楽しく学び，初めて取り組む子にとっても楽しい

教材の提示が必要です。

　鉄棒の握り方から始め、ぶら下がる経験を多くした後に、逆さになったり、体を振ってみたりと運動のポイントとなる動きを繰り返し取り組ませ、体に染み込ませます。すなわち、**一人ひとりの運動に関する知識を、授業での経験と結びつけていくことが大切です。**授業で潤沢に鉄棒の経験を積むことで、運動の仕方を理解し、「やってみよう！」「できそう！」へつながります。

### 「怖い」「痛い」から

　体育の授業では、非日常的な姿勢をすることが多くあります。運動が苦手な子にとって、その姿勢こそが不安を感じ、ときには「怖い」というイメージにつながります。そこで、楽しく運動感覚を身につけることを大切にします。**「不安」に感じることを全員で取り組み、「怖い」から「できそう」という感覚へ変化させることが大切です。**

　「怖さ」が最も出る場面は、「逆さ」になるときです。その「怖さ」をなくすために、いきなり鉄棒で逆さになることはかえって恐怖心を増長させてしまい逆効果です。そこで、簡単に逆さ感覚に近い運動を行います。それは、「クマ歩き」です。自分自身の腰の位置が、頭の位置よりも高い位置にくることで、逆さ感覚に近い感覚を養うことができます。

　また、1年生の体の軽い時期に逆さ感覚を養う運動としては、「よじのぼり」が効果的です。

　腕で体を支持しながら逆さになる運動ですが、逆さ感覚と同時に腕支持感覚や体幹の締めの感覚が

養え,「逆さ」への抵抗感が徐々に少なくなっていきます。このような段階を踏んでいき,「怖さ」を克服し,楽しく取り組めるように土台をつくっていきたいです。

また,「痛い」という経験は,補助具やマットを使うことで軽減ができます。具体的には次のような場面で使用します。

1年生で補助具を使用する運動は,鉄棒の「だるま回り」の下位運動として行う,「ふとんほしブランコ（ふとんほしの状態で体を振る動作のこと）」の際に使用する場合がありますが,基本ほとんど使用することはありません。

しかし,中でも使用頻度の高いものとしては,小マット（カラーマット）があります。小マットは安全に運動を行える「安心感」につながります。左の写真は,うまとびの指導の1コマです。背中を「ぎゅっ,ぎゅっ」と力強く押すので,小マット（カラーマット）を敷いて行います。本当にわずかなことですが,うまになる子たちへの「痛み」の軽減につながると,うまとびも苦なく取り組めます。

最後に,「痛み」を軽減させる工夫として,「ボールの硬さ」があります。

本校では,運動によりボールの硬さ（空気圧）を調整したものを準備してあります。特に1年生には,「硬いボール＝痛そう」というイメージをいきなり持たせないように,柔らかいボールで投捕の経験を積ませています。

1年生にもわかりやすいように,ボール

ネットにも「ふわふわ」と書かれたものを入れておきます。
　「硬いボール＝痛い」ではなく，痛さや怖さを軽減させ，子ども自身が自ら運動へ取り組めるようにする工夫が必要です。

## ★ ゲーム化を通して定着を図る

　１年生は，毎日新たな課題を身につけ，日々成長しています。着替えをするにも，昨日よりも早くなったり，漢字や計算ができるようになったりと，１つでも多く身につけたいという気持ちで前向きな子がいっぱいです。このような欲求を満たすには「ゲーム化」は大変有効です。ゲーム化することの一番のメリットは，"同じ動きを繰り返し，活動の「量」が保障される"ことです。運動の「量」が保障されることで，「やってみよう！」という前向きな気持ちを育める授業になります。そこから「できそう！」→「できる！」へ変わる機会を多くするために，ゲーム化できる教材はゲーム化して，子どもたちに確かな技能（力）を身につけてあげたいです。

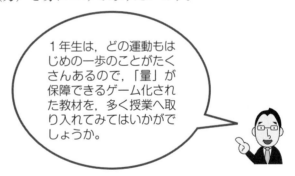

１年生は，どの運動もはじめの一歩のことがたくさんあるので，「量」が保障できるゲーム化された教材を，多く授業へ取り入れてみてはいかがでしょうか。

**授業マネジメント 8　勝敗にこだわりケンカになる子への対応**

# 簡単な決まりで積み重ねよう

## ★ 授業を通して気持ちを育む

　子どもたちにとって楽しい授業とは，授業時間内に「わかった」「できた」という実感（成功体験）がどれだけ数多く味わえるかが大切です。多くの運動を経験する中で，「できたこと」を認め・褒めることと，「できなかったこと」にも，励ましやその子の伸びをその場で共有してあげることを習慣化することが大切です。このような取り組みで，温かい学級の雰囲気の素地を，授業を通してつくり上げていきます。体育という，体を動かす活動（身体活動）を通して，技能の習得はもちろんですが，他者の動きから自分自身の身のこなしを考えたり，自らの学習課題として受容する気持ちを育んだりする学びも大切にすると，1年間の授業がより充実します。

　しかし，学級内には友だちとの関わり方がうまくいかない子や，勝負にこだわりすぎる子もいます。そんな子どもたちにはどのような指導を心がければよいのでしょうか。事前に必要な学びについてまとめてみることにします。

## ★ 誰でも勝ちたい！〜簡単なルールを決めることから始めよう！〜

　体育の授業において，ゲーム要素を取り入れることは，子どもたちの意欲を育むためには必要なことです。そして，授業内の決まりはできるだけ簡単な・わかりやすい内容を数多く経験させることを第一に考えます。しかし，子どもたちはゲームが進むにつれて熱くなり，ケンカになることが多くあります。そこで，多くの運動教材を通じて，友だちとの関わりを持ちながら，受容できる気持ち（心）を育むことが大切だと思います。

　1年生では，難しいルールのゲームは成立しないことが多くあります。そこで，ルールを守ることを意識させるために，まずは簡単なルールで運動を

行えるように定着を図ります。そして，勝敗の機会を多く経験させ，勝ったときの気持ちと，負けたときの気持ちを何度も経験させます。そのときに，「今の場合はどうする？」という相手を思いやる発言や「いいよ！」と相手へ譲るような発言が出てきた場合は，大いに認め・褒めてあげます。勝敗はもちろん大切ですが，勝ち負け以上に大切な気持ちを育むことが大事です。

そこで，1年生の授業で勝敗以外に，どのような気持ちを育むことが大切であるか，私の実践を紹介します。

### ステップ1：おりかえしリレー

学習した「動物歩き」を使ってリレー形式で行います。

ルールは，次の通りです。

- リレー形式
- 班対抗戦
- 行きは様々な動物歩きで，帰りは走って戻る
- アンカーがゴールしたら，全員が座って右手をあげる

以上のようなルールで行いますが，特に学ばせたいことは，「リレー形式」であり，「ゴールしたら，全員が座って右手をあげる」という点です。友だちの頑張りをつなぐことを第一に考え，勝敗はもちろん，ルールをきちんと守っている班やタッチの仕方が上手な班にも焦点を当て，評価してあげることで，少しずつ子どもたちの運動に対する取り組みが，個人ではなく，班

（チーム）での取り組みへと変わっていきます。この運動を通して，社会性が育めます（※リレー形式については，3章で詳しく説明します）。

 ステップ2：ふとんほしじゃんけん 

　鉄棒で学んだ「ふとんほし」をゲーム化したもので，班対抗戦で行う運動です。ルールは，次の通りです。

---

・勝ち残り形式
・班対抗戦
・ふとんほしをしながらじゃんけんをする
　（両手放しができない子は，片手じゃんけん，口じゃんけんもあり）
・勝った人数の多い班の勝ち

---

　以上のようなルールで行いますが，**「片手じゃんけん，口じゃんけんもあり」**ですので，できない子への厳しい言葉も出ません。片手のじゃんけんや口じゃんけんでもきちんとゲームに参加し，頑張る姿を応援することに焦点を当て，評価してあげます。この取り組みを繰り返し行うことで，友だちの頑張りを認める気持ちが育めます。

2つともルールは簡単で，運動の決まりに対する意識が高まるだけではなく，同時に班のメンバーを思いやる気持ちも高まります。

## ★ ケンカになる前にきちんとした手だてを
### ～大切にしたい手だて～

　学習時間内で起こるケンカの場面は，できるだけ無くしたいのが私たちの願いです。その時間があれば，子どもたちにより充実した時間を過ごさせることができます。しかし，体育の授業内では誰とも関わりを持たずに学習課題を進めることはできません。そこで，他者の考えを受容できる子どもたちを育むために，大切にしておきたい手だては以下の通りです。

**手だて　その①：子ども同士の話し合いの時間を大切に**

　それぞれの運動教材で，特に大切にしたいルールや作戦については初めに伝えます。そして，友だちが何を考えているのかを知る時間（場面）を授業内に意図的に設定し，「関わる」機会を保障し，一人ひとりの思いを受け入れる態度を育みます。しかし，1年生は「話し合う」というよりも「自分の意見や思いをメンバーに伝える」というイメージになります。

　それぞれがどのような気持ちで取り組んでいるかを事前に知ることや，取り組んでいる途中で，どのようなことを考えているかを知る時間（機会）はとても大切です。

**手だて　その②：場面設定を工夫する**

　授業の経過とともに，技能も向上していきます。そこで，教材に応じて場の設定や男女混合のチーム編成，ルールを再確認する工夫をすることで，周囲との協同意識が高まります。

　前述した2つの運動で活用している"入れ替え戦"（※詳しくは3章に説明してあります）を取り入れることで，より子ども同士の関わり合いの機会が増やせます。場面の設定次第で，子どもたちの社会性を高め，より学び合える授業ができるようになります。

用具の準備・片付け
# 班ごと・列ごとに役割を決めておこう

## ★ マットにも指定席を
### ～子どもたちにも運びやすく，整理しやすい場所を選ぼう！～

体育の授業で使う用具は，普段はどこにしまってあるでしょうか。本校の体育館は，下の写真のように置いています。

なぜこのような置き方をしているかというと，準備・片付けがしやすいからです。もちろん体育倉庫にしまう用具もありますが，授業で使う頻度の高いものは，体育館の端に綺麗に整頓しておいてあると便利です。

また，短マット・カラーマットは下の図のようにおいてあります（カラーマットは3か所，短マットは2か所に分けてあります）。

このように配置することで，授業で指示を出しやすくなります。

例えば，1年生でマットを使う授業を行うとし

ます。何も考えずに「マットを並べましょう」という指示を出すと，子どもたちはどのように動くでしょうか。どのマットを持ってくればよいか迷ってしまいます。そこで，私のクラスの並び順をこの図に当てはめて考えてみることにします。

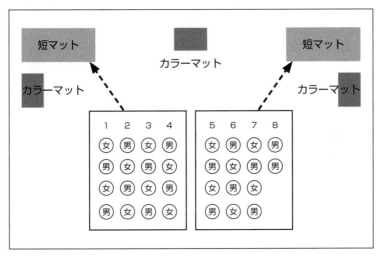

まず，
・1班から4班までは，左側のマットを運ぶことを指示します。
・5班から8班までは，右側のマットを運ぶことを指示します。
次に，
・4班，5班からマット運ばせるように指示します。これは，中心となる班から並べさせ，基準をつくることを目的とするからです。その後は，3班→2班→1班，6班→7班→8班という順に運ばせます。

このように，マットの場所を決めておくことと，運ぶ順番をきちんと教えておくことで，マットを運ぶ際の指示は少なくなります。これは，1年生でもできることです。また，この運び方は6年間ほぼ変わりません（身長の関係で，班が変わるだけです）。時間はかかりますがきちんと教えておくことをおすすめします。

## ★ 2人組できちんと運ぼう！

　1年生の授業では，短マットより頻繁に使うのが「カラーマット」です。長さは120cmほどで，非常に便利なマットです。

　このマットは，1人で持つには大きすぎますが，2人で持つとちょうどよいサイズです。私は，写真のように1つのマットを2人で運ぶように教えています。このペアは，並び順の前後にいる2人です。運ぶときの約束は，

① マットの両端を持つこと
② マットは引きずらない

　以上2点だけです。簡単なことですが，この繰り返しが安全にマットを運ぶ1つのコツでもあります。

## ★ 片付けも2人組で！ ～元の位置に綺麗に整頓～

　もちろん片付けも2人組で行います。大切なことは，使ったマットは元の位置に綺麗に並べることです。

　当たり前のことですが，1年生からきちんと教えておけば，その後は最後までしっかりと見届けるだけです。

## ★ そのほかの用具の準備・片付けも班の並び順を活用しよう

　1年生は,「やりたい！」気持ちに溢れています。まして先生からのお願いとなると, 我先にと行動に移してくれる子がたくさんいます。しかし,「お願いね！」と近くにいる子に頼んでしまうと, ごく一部の子だけが経験することになってしまいます。そこで, 私は役割を決めてしまいます。

　長なわとびの授業を例にしてみますと, 1年生の長なわとびは写真のように4人1組で取り組ませることが多いです（※詳しくは3章に書いてあります）。

　「それでは, 今から長なわとびを始めるよ！」と言い, そのほか特に何も言わずに縄を取りに行かせると縄の取り合いになります。

　そこで, きちんと座れて, きちんと並べている列から縄を取りに行かせます。もちろん4人全員で取りに行かせるのではなく, 先頭の子だけ取りに行かせます。片付けのときも,「片付けは, ○列の子が持ってきてください」と伝えるだけで争いにはなりません。

> みんなのお手伝いしたいという気持ちを大事にしながら, 全員に役割を与え, 班全体を評価してあげると授業を進めやすくなります。

家庭との連携

# はじめの一歩はお家でも！
# お便りを活用しよう

　学年通信や学級通信を書いている先生方はたくさんいらっしゃると思います。私自身も現在担当する学年の学年通信を書いています。学年通信を書くには理由があります。

　1つ目は，学校での様子を知らせるため。

　2つ目は，保護者の協力と理解を得るため。

　この2点です。1年生の子どもたちは，学校での出来事をすべて話せるわけではありません。そこで，学校の様子を知らせる補助的な役割としてお便りを活用します。そして，お便りを通して活動のねらいや私たち教師の考えを発信することで，保護者の理解を得るための一役を担っています。

　私自身お便りを書くときに気をつけていることは，体育の授業だけではなく，他の教科のことでも事務的なことは最小限に抑え，子どもたちの声や取り組み方などを中心に書いています。また，「体育の授業を通して，このような力がつきました！」ということも忘れません。このように，お便りを通して，子どもだけではなく保護者とも情報を共有し，一方通行ではなく家庭と学校の双方向から学習を進められることを心がけています。

## ★ 子どもたちにとって初めての運動でお便りを活用する
　　　　　　　　　　　　　〜水泳となわとびでの取り組みから〜

　前述した通り，保護者の協力と理解を得るために私自身，1年生では「水泳」と「なわとび」でお便りを活用しています。配付する時期としては，学習カードを配付するのと同時にお便りを出し，家庭での取り組みに戸惑いがないようにします。家庭との連携により，子どもたちがスムーズに授業に入れたこと，取り組んでいる途中経過も載せることで，事前の取り組みに意味があることを価値づけることも大切です。

　単元が終わる頃には，日々の授業の様子を話す機会も増え，子どもたちの取り組みもよく見えてきます。単元終了後には，アンケートで子どもたちの変容などをまとめてみると，保護者も学習を通して学んだことがよりわかり，次の活動でも協力を得やすくなります。お便りも計画的に，内容の精選することが大切です。

　忘れてはいけないことは，事前に協力していただいたことが，授業での土台となり，子どもたちがスムーズに運動と向き合えたことです。学校と家庭をつなぐお便りは，授業を効果的に行うために必要なツールの1つです。

ただお便りを出すだけではなく，子どもたちの変容を適時報告することで，保護者の協力体制も高まります。

### 水泳学習「はじめの一歩カード」の取り組みから

　本校では，6月ごろから水泳学習が始まります。子どもたちはもちろんで

すが，保護者の方々も初めての水泳学習となります。そこで，事前に取り組んでほしい簡単な活動を学習カードにして配付しました。その内容は，水泳学習で１年生に身につけさせたい内容に近いもので，お風呂や毎日の洗顔のときに簡単に取り組めるものにしました。１年生で身につけさせたい力は，
① 水を頭から浴びれること
② 顔に水がつけられること
③ 頭まで潜れること

以上の３点とし，この力を元に授業の幅を広げていきます。

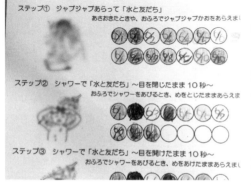

そこで，家庭へ配付したカードの一部が左の写真のようなものです。取り組んだときには，○の部分を色ぬりできます。ただ判子やサインをもらうだけのものではなく，色ぬりをすることで達成感をより実感させることと，親子で成功体験の共有ができる機会を設けました。このカードを提出するときの子どもたちからは，「初めて目を開けられたよ！」や「顔洗いが楽しくなりました！」という声が多く聞かれるようになるだけではなく，保護者からも，「褒める機会が増えました」という声も聞かれます。このような取り組みの成果も適宜お便りにも掲載し，取り組み方の参考にしてもらう場としてお便りを活用しました。

### 短なわとび「なわとびチャンピオンをめざして」の取り組みから

本校の１年生は，11月ごろから「短なわとび」の授業を行います。そのためには授業はもちろん，子どもたちに「量」を保障してあげることが大切です。その「量」を保障するために学習カードを配付しました。
家庭で学習カードを使用して練習を積み重ねてきた子どもたちは，みんな

自信に満ちた表情を見せてくれます。以前の自分自身の記録と比べて，1回でも多く跳べたという経験が，自分自身の「できた！」と納得できることにつながっていきます。「経験が納得を深める」ということを子どもたち自身が実感してほしいと思います。

日々の授業では，限られた時間ですので，全員に十分な機会を保障できないこともあります。そこで長期休暇のときは学習カードが非常に効果的です。

保護者の方々の理解は必要不可欠です。なわとびの場合は，用具の調整なども含まれます。なわとびの授業が始まる前に，きちんとお便りで知らせることで，授業中に縄の調整をすることなく済みます。

右の写真は，なわとびの授業が始まる前に出したお便りの一部です。縄の長さの目安と，縄の長さの調整の仕方を中心に発行します。このお便りで，全員が同じ状態でスタートすることができます。

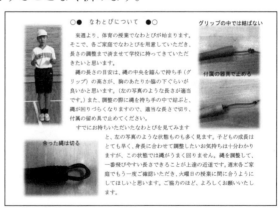

このように，1年生の子どもたちへの効果的な授業の運営と保護者へのお便りの活用は，切り離せないものです。特に1年生は，「手をかける」ところと，「自立」へ向けて「見届ける」部分をきちんと見極める必要があります。子どもたちの実りある授業運営にはお便りを通して，家庭と学校が連携を深めることが大切です。

# 第3章

## これで完璧！
## 12か月の指導アイデア

# 1学期は「慣れる」時期

　入学してきた子どもたちは，小学校生活が始まったときには，わからないことばかりですが，時間が経過するにつれてできることが多くなります。そして，子どもたちには磨けば輝くことがたくさんあります。無限の可能性を秘めた子どもたちは，失敗を恐れずにチャレンジする気持ちと，不安が入り混じった中で毎日生活を送っています。

　私は，子どもたちにとって1学期は「慣れる」時期。2学期は「関わり合い」の時期。3学期は「実行・反省」の時期と段階を経て目標へ向かって進んでいくようにそれぞれの期間をつなげて考えるようにしています。

　具体的に1学期の「慣れる」時期には，学校生活に慣れることを一番に位置付け，生活のリズムや授業スタイルに慣れることができるように，ゆっくりと丁寧に取り組むようにします。多様な生活スタイルで育った子どもたちなので，共通課題でスタートすることで運動で技能の把握もしやすくなります。

## ★　1学期は，一斉指導と共通課題で運動に従事する時間を確保し，できることを増やそう

　そんな1年生の子どもたちが，就学前にどのような運動経験をしてきたかを知るためにどのような方法をとることができるでしょうか。1年生ですので，いきなり様々な運動をさせることは経験値の差があるために不可能です。また，丸々1時間1人ずつ細かいチェックをしようとすると，待っていられない子も出てきます。

　そこで，共通課題で運動している時間をしっかり確保できる「おりかえしの運動」で一人ひとりの身のこなし（体づかい）を確認します。基本は，4人1組で男女ペアの背の高さが同じぐらいの班編成が望ましいです。

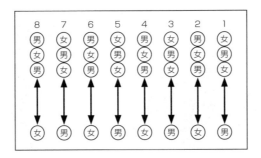

　繰り返し行っても，子どもたちは意欲的に楽しみながら取り組める非常に効果的な教材です。

　この運動では，多様な基礎感覚を身につけるだけではなく，同じ運動を一斉に行うことで，誰がどのような動きをしているのかを知ることができます。また，どの動きのときにぎこちない動きをしているか見取りやすい教材であるので，1年生の1学期の初めの時期にぴったりな運動です。

　子どもたちにどんな動きを身につけてほしいのか，私たち教師がどのようなゴールイメージをもっているかを明確にすることが大事です。特に低学年期の子どもは，体を動かす欲求が強く，心と体を解放する体育授業を好む傾向があります。このように，強い欲求を満たすことができる効果的な授業運営は，中高学年へ進んだときにあらわれる「できた」という達成感・成就感につながります。

　従って，低学年の体の軽い時期に，できるだけ多くの運動感覚を身につけることが，1年生及び低学年の体育授業の担当者の使命でもあると思います。

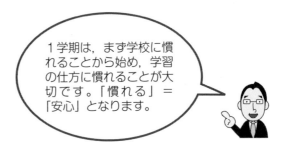

**4月** 体つくりの運動遊び―おりかえしの運動

# 逆さ・支持・手足の協応動作などの基礎感覚を育もう！

　中高学年の運動へつながる基礎感覚を養うためには，低学年期にしっかりとした基礎感覚づくりが必要です。そこでおすすめしたい教材は，「おりかえしの運動」です。この運動のよいところを，一言で言うと，一度に多くの子どもに確実な運動量（運動の機会）を与えることができることです。一定の距離（およそ10m程度）を往復するだけですが，動きの質の違う様々な運動を短時間で経験することが可能な運動です。マットや跳び箱，走・跳の運動へつながる動きを身につけることができます。特に低学年では，様々な運動感覚を養うために，多くの機会を与える必要があるため，多くの時間を必要としますが，この運動だと短時間で多様な基礎感覚を身につけることができます。

## ★ 1年生に身につけさせたい基礎感覚と具体的な運動教材例

　運動経験の差がある1年生の4月の時期には，「動物歩き」を1つずつ丁寧に取り組むことを目標に取り組ませます。動物歩きとは，クマ歩き，クモ歩き，うさぎ跳び，かえる跳び，アザラシなど，子どもたちが，動物の歩き方をイメージしながら取り組む，楽しい教材です。しかし，1年生の子どもたちは，その教材の持つ楽しさから「よーい，どん！」でスタートすると，我先へと競争になってしまうので，太鼓のリズムに合わせて取り組ませることをきちんと説明します。まず，1学期は，次の基礎感覚を中心に取り組むことをおすすめします。

### 逆さ感覚・腕支持感覚を高める運動：クマ歩き（手足走り）

　日常生活の中では，経験しない感覚になります。完全な逆さ感覚が経験できる状態ではないのですが，逆さ感覚により近い感覚（頭が腰部よりも低い位置）が養えます。また，スピードが増していくほど，腕にかかる負荷が強

くなるので，腕支持の感覚も同時に身についてきます。

　この運動のときによく見られるつまずきは，①手足が伸びきってしまった状態での手足走り，②雑巾がけのように，手をついたまま前へ進んでしまうことが多く見られます。

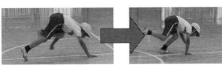

① 手足が伸びきった状態になってしまう原因としては，腰を高く上げようとする意識が強く，足まで伸びてしまうことが考えられます。そこで，「膝を曲げて，リズムよく『手・足・手・足』と交互に動かしてごらん」と指導します。リズム感を養うには，指導太鼓が効果的です（詳細はp.80にて）。
② 雑巾がけのようになってしまうのは，手足の協応動作が理解できていないことが考えられます。「手は引きずらないように，手を交互についてごらん」と指導します。この運動により，自分の体を支える力を育むことができます。

### 逆さ感覚・腕支持感覚を高める運動：うさぎ跳び・かえる跳び

　体を前へ投げ出し，手と足をそれぞれ一瞬床から離します。着手は手のひらと指を曲げずに「手→足，手→足」のリズムで前へ進みます。また，着手のときに，手で床を押し，足を手のついた位置まで引きつけるようにします。跳び箱の切り返し系の技である，「開脚跳び」と「かかえこみ跳び」に，効果的な運動です。

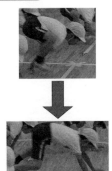

　この運動のときによく見られるつまずきは，①恐怖心が強く体を前へ投げ出すことができない，②手と足が同時に床から離れてしまうことです。このつまずきの原因は，両足で踏み切るタイミングが掴めていないことにあり，「手→足，手→足」のリズムを掴むことが大切な運動です。

**4月** 体つくりの運動遊び―おりかえしの運動

# 低学年のうちに身につけさせたい運動感覚はこれ！

「なぜ低学年の指導が大切なのでしょう？」

以前高学年を担任したときに，体育の授業で壁逆立ちを扱いました。すると，できない子が何人もいて，戸惑ったことを今でも鮮明に覚えています。

このような経験をしている先生方は少なくないと思います。しかし，子どもたちには責任はありません。6年間で指導する内容をきちんと整理し，「育てたい子ども像（ゴールイメージ）」を明確にして指導することが大切です。また，特に体が軽く，吸収力の高い低学年では，できる限り多くの運動感覚を経験させることを意識して授業を行います。そして，長い時間をかけて体に染み込ませるように取り組ませ，様々な運動に向き合える感覚が養えます。だからこそ，低学年（特に1年生）の指導は大切です。

## ★ 楽しく取り組み自然と身につくように

運動感覚は，短時間で身につくものではなく，繰り返し取り組ませることで身につくものです。1年生で身につけさせたい運動感覚は第1章に記載しましたが，前述した以外に1年生のうちに楽しく取り組みながら，体に染み込ませるように身につけさせたい運動感覚を紹介します。

### 体幹の締め：だんごむし・ぶら下がり足打ち

逆手で鉄棒を掴み，あごは鉄棒の高さの位置にし，膝を胸に近づけます。この際に，体幹の締めの感覚が養えます。

この運動のときに，よく見られるつまずきの中で一番多いのは，肘が伸びてしまい全く力が入らないことです。このときには，チームでお

手伝いをしてあげて，少しずつ「だんごむし」の状態を保持できるようにすることが大切です。初めは，力の入れどころがわからない子が多いので，腰と膝下あたりを押し上げてあげることで，両肘が曲がった状態で体を支える感覚を身をもって体験させるとよいと思います。

　しかし，鉄棒という教材は，経験値の差が大きい教材の1つです。より段階的に指導を要することがあります。従って，今年の1年生には，「ぶら下がり足打ち」（左ページの写真のように）から始めました。**「ぶら下がりながら何回足を打つことができるかな？」**と，回数を設定せずに，取り組ませます。「何回できた！」と徐々に記録が伸びてきます。このときに，膝を胸につけるように足を引き上げることに焦点を当てて授業を進めると，体幹の締めの感覚が養われるようになります。

### 逆さ感覚：よじのぼり逆立ち・よじのぼりぐるぐる

　逆さの感覚は，体の軽い方が取り組みやすいです。体が大きくなり，重くなってからでは，負荷がかかり過ぎて抵抗感が強くなり，習得が難しくなります。

　しかし，体が軽いとはいえ，腕の力が備わっていない子や，体幹の締めの弱い子たちにとっては厳しい課題となります。その場合，「よじのぼりぐるぐる」は楽しく取り組めるので，おすすめです（写真右下がその様子です）。

　よじのぼり逆立ちをしている子の体と壁の隙間をぐるぐると回るだけの運動ですが，「3回回れたら合格！」や「グループ全員が5回回れたら合格！」などと課題を変えてあげることで，楽しく取り組みながら，感覚を身につけられます。

## 4月 体つくりの運動遊び―おりかえしの運動

# バリエーションを変えて，さらに基礎感覚を高めよう！

## ★ ちょっとした工夫で新たな課題となるおりかえしの運動

「おりかえしの運動」を4月から継続的に取り組んでいると，授業前の子どもたちからは，「きょうはおりかえしをやりますか？」という声が多くなります。このような声が聞こえるようになると，この期待を裏切るわけにはいきません。そこで，アレンジしたおりかえしの運動を紹介します。

## ★ 障害物（マット）を置いてみよう！

普段行う「おりかえしの運動」は，10mを運動しながら往復するのみですが，途中にカラーマットを置いてみると，今までとは違う感覚となります。また，初めて取り組む課題へ抵抗感のある子には，友だちの取り組む様子をよく見させることを大切にします。よく見て真似てみたり，生かそうとしたりと今までの運動に対する姿勢とは違った面が見られるようになります。

### アレンジその①マットを飛び越えよう！

バリエーションを変えるといっても，子どもたちの取り組みを妨げるような高い要求ではなく，「誰でも・楽しく・シンプル」なものを取り入れます。その第1弾は，「カラーマットを跳び越えよう！」です。

往復するコースの真ん中にカラーマット（小マット）を置いて行き帰りに飛び越えるだけの運動です。しかし，1年生ですと，マットを飛び越えることを躊躇する（怖がる）子はいます。そこで，「マットを踏まないように飛び越えてみよう！」と声がけを変えてみたり，一緒

に手をつなぎながら飛び越えてみたりすることが大切です。また，足が合わずに両足で踏み切る子も多く見られます。そのときも，一緒に手をつないで飛んでみたり，「片足ジャーンプ！」と声をかけたりとその子に合った手助けをしてあげられると，飛び越えることが楽しくなります。

### アレンジその②途中で前転がり！

　おりかえしの運動は，四肢を使いながら運動感覚を高めることを目的の1つとしています。また，逆さ感覚や腕支持感覚など様々な感覚を養える特性を生かし，第2弾は，「前転がりをしてみよう！」と動きを1つ加えてみます。しかし，マットで前転がりは，マットで転がる経験をしてから行うことが大切です。また，「1人で前転がり」と「2人で前転がり」とを分けて行うこともできるので，さらに運動の幅が広がります。

　転がる経験を積んでからとはいえ，きちんと回れるように「しっかり手をついて，頭のどの部分を一番初めにマットにつけるか？」を確認した上で行います。しかし，頭頂部で回る子がいるので，班のメンバーに，頭頂部ではなく後頭部のあたりで回れていたら「OK！」マークを出してもらうようにしたり，私たち教師が回るときに頭に手を当て，補助し，つく場所を意識させたりします。

　2人組のときには，ゆっくりとした回転を心がけながら。ペアの頭のつく場所をより近くで確認できるので，非常に効果的です。

### 5月 体つくりの運動遊び—うまとび

## 低いうまをしっかり跳ぼう！「1のうま」から始めよう！

### ★ なぜ「うまとび」なのか？

なぜ跳び箱を使わずに「うまとび」なのでしょうか。

答えは簡単です。準備に時間をかけずに行えるからです。1年生に跳び箱を準備させることは，授業時間を考えると効率的ではありません。従って，うまとびを行い，跳び箱運動へつなげていくことが大切です。しかし，うまとびを20分間行うことは無理ですので，他の教材と組み合わせて行うことが効果的です。

### ★ うまとびへつながる基礎感覚を育む
～「うさぎ跳び」「かえる跳び」が大事！～

うまとびは，うまの背中を強く押しながら体を前へ投げ出す動作と，開脚して手をついた場所よりも着地する場所が前になるという動作があり，うまとびを行うまでに「かえる跳び」「うさぎ跳び」とそれぞれ開脚跳び，閉脚跳びにつながる経験をたくさんさせておくと抵抗なく取り組めるようになります。

#### 「うさぎ跳び」と「かえる跳び」はリズムで育む！

2つの運動とも，リズム感が大切です。1年生には，言葉で説明するよりも，指導太鼓の音で手と足をつけるタイミングを覚えさせます。

トン！（手）

カン！（足）

## ★ うまが大事！〜みんなで声に出しながらうまをつくろう！〜

　うまとびは、「うまが動くから（不安定）怖い」という理由で跳べない子がいます。そこで、まず安定したうまを全員がつくれるようにします。全員で声を出しながら取り組むことで、違ったことをしている子を見取りやすいというメリットがあります。教師が大きな声で唱えた言葉を、子どもたちが繰り返すという簡単で、確実な取り組みです。唱える言葉は次の通りです。

① 「ひざをついて！」
　1年生は、このときに膝を少し開くことを伝えないと、膝を閉じたままの子が多くいます。

② 「おしりをあげて！」
　うまをつくる上で、一番声がけする部分です。お尻が下がると、背中が斜めになり跳びづらくなるので、膝を直角に曲げることを伝えます。

③ 「ひじをのばして！」
　1年生は力の入れ方がわからないので、「肘を伸ばし、突っ張って力を入れる」ことを確認します。もっと詳しく教えるときは、「肩の真下に、手を置きましょう」と補足します。

④ 「あたまを入れて！」
　顎を引き、両腕の中に頭を入れるようにします。跳ぶ子の足が頭に引っかからないようにするためです。

⑤ 「せなかをおして！ギュギュ！ギュギュ！」
　「背中を机のようにまっすぐに！」押してもつぶれないことを確認します。また、跳んでいる子が背中を押して跳んだときに、重みを感じたら相手に伝えてあげることも忘れないようにします。

## 6月 体つくりの運動遊び―よじのぼり逆立ち
# 不安な気持ちを感じさせずに，楽しく感覚を身につけよう！

### ★ よじのぼりって何？〜逆立ちへ向けてのはじめの一歩！〜

「よじのぼり」とは，簡単に逆立ちと同じ姿勢になれる運動のことです。一番の違いは，両足を使って壁を登っていくことです。

腕支持感覚，逆さ感覚，体幹の締めなど，数多くの運動感覚を育める有効な教材です。

### ★ よじのぼりの前に取り組んでおきたいこと
　　　　　　　　　　　　　　　〜「手押し車」が大事！〜

両足を使って壁を登るとはいえ，1年生にはまだまだ腕の力や体幹の締めの感覚など，身についていない感覚がたくさんあります。そこで，事前に取り組ませておきたい運動が，**「手押し車」**です。ほぼ，よじのぼりの姿勢と同じであるので，数多く経験させておきたいです。

お尻を上げて！

お尻が上がると，重さが軽くなった！

**ポイントは「お腹に力を入れて，お尻を上げること」**

指導のポイントは，「お腹に力を入れて，お尻を上げること」ですが，1年生の子どもたちは力の入れどころがわからずに，膝が曲がり，お尻が落ちてしまいがちです。「お尻を上げて！」と声がけしてみたり，お腹のあたり

に手を当て「ここに力を入れてごらん！」と力の入れどころを意識させながら取り組むことを大事にします。

## ★ みんな一緒に！声に合わせてやってみよう！

「うまとび」のうまづくりのときと同じように，「よじのぼり逆立ち」のときも，教師の唱えた言葉を復唱させる方法で取り組ませ，全員が運動を行うときのポイントや注意点を意識しながら行います。唱え方は次の通りです。

① 「手をついて！」
　まずは壁に背中をつけて待ちます。次に壁から少し離れた場所に手を置き（右下写真のように，手の置く場所の目安はマット１枚分およそ60㎝〜80㎝ぐらい）壁を登る準備をします。
　ここまでに，腕支持感覚や逆さ感覚を十分に経験していればよいのですが，このぐらいの距離が最も取り組みやすい位置です。

② 「よじよじよじよじ，よじのぼり！」
　この言葉を唱えている間によじのぼります（右下写真のような斜めの姿勢になる）。よじのぼるときには，足の拇指球のあたりを使います。つま先だと力が入らず，ずり落ちてしまいます。慌てず・ゆっくりと唱えます。

③ 「せーの！１・２・３……９・10！」
　１年生で，この姿勢を10秒間保持できるようにします。クラス全員が10秒合格したら，次の課題へ進みます。

（目線は，手と手の間だよ！）

（体を１本の棒のように！）

### 6月 体つくりの運動遊び―だんごむし逆立ち

# 口伴奏（みんなで唱えて）で
# ポイントを確認しよう！

## ★ 安定感バッチリだから，みんなが「できる！」

"「逆立ち」を１年生から行うの？"と思われますが，「よじのぼり」のように腕支持ではないので，１年生にも簡単に行える教材があります。それは「だんごむし逆立ち」です。鉄棒で行う「だんごむし」の姿勢（膝を胸につけるような姿勢：左上写真）になる運動です。頭と両手の３点で支えられるので，安定感バッチリで取り組みやすい運動です。「頭つき逆立ち（三点倒立）」は，「だんごむし逆立ち」の状態から，足を伸ばしたものです（左下写真）。

　この２つの運動は，日常生活では全く味わえない感覚です。従って，子どもたちにとっては，不思議で楽しい感覚なので，「できた！」ときの達成感は大きいです。

## ★ まずは「だんごむし逆立ち」で5秒間！
### ～口伴奏（みんなで唱えて）で全員合格を目指そう！～

　「だんごむし逆立ち」は，体を小さく縮ませている状態であるので，逆さになりやすいというメリットがあります。しかし，１年生の子どもたちは**足を勢いよく振り上げてしまいがち**です。そのときに，バランスをとろうと**手の位置が動いてしまい三角形が崩れてしまうことが多く見られます**。そこで，手と頭で正三角形をつくることを意識させるために，この教材でもクラス全員でポイントを唱えることにしています。唱え方は，次の通りです。

① 「手をついて！」
② 「あたま，さんかく！」
③ 「さんかく，OK？（大丈夫？）」

　ここで，手と頭の位置が正三角形であるかを確認し合います。頭のつき方は，**頭頂部ではなく，髪の毛の生え際あたり**がよいことを確認します。

④ 「おしりを上げて！」
⑤ 「背中をつけて！」

　お尻を上げ，背中を壁につけることで，膝を胸に引きつけやすくします。子どもたちには，「膝を胸につけるようにしてごらん」と声がけします。

⑥ 「はい，どうぞ！」

　前述した通り，子どもたちは足を勢いよく振り上げてしまう傾向にあります。「よーい！はじめ！」のような**競争をあおるような言葉**ではなく，ゆったりとした言葉でスタートさせます。

　写真のように，グループ全員で数を数えたりすることで，達成感の共有と全員で運動のポイントを確認しながら取り組めます。

　このような取り組みを繰り返し行い，全員が「だんごむし逆立ち」ができるように長い期間をかけて取り組ませたい教材です。
　また，この姿勢を5秒間保持できるようになったら，次の課題へ（頭つき逆立ち）進みます。

6月 体つくりの運動遊び―頭つき逆立ち

# お手伝いの仕方を学ぼう！

### ★ ゆっくり足を伸ばしてみよう！
　　～「だんごむし逆立ち」からワンステップアップ！～

　クラス全員がだんごむし逆立ちの5秒間がクリアできたら，足を伸ばした姿勢に挑戦します。足を伸ばすとはいえ，子どもたちにとってはそんなに高い課題ではありません。足を伸ばすことがなぜ高い課題でないのかというと，だんごむし逆立ちができればほぼ全員がクリアできるからです。しかし，体幹を締めることができずに，足を伸ばすときにバランスを崩してしまう子も見られます。そこで，お手伝い（子ども同士の相互補助活動）の仕方を学び，「できた！」感覚を全員で経験させます。

　「体幹の締めの感覚」が弱い子が多い1年生ですが，グループの子たちにお手伝いの仕方を教え，「できた！」という感覚を味わい，1人でできる子と同じような感覚を経験し，自ら学ぼうとする気持ちを育みます。

### ★ お手伝いの基本は「シンプルに・安全第一に」

　お手伝い（子ども同士の相互補助活動）は，実際に体に触れるお手伝いと，周囲で運動の様子を観察してアドバイスをするお手伝いがありますが，1年生には後者のお手伝いは難しい課題となります。従って，前者の実際に体に触れて支えてあげたり，押さえてあげたりする方法を中心に教えてあげることが必要です。そして，運動している子にとっては，友だちのお手伝いがありながらも，できた喜びを経験でき，お手伝いした子はお手伝いをしてあげたことでできたという喜びがともに味わえます。

　お手伝いのポイントとグループの役割は，次の通りです。

グループ内（4人組が基本です）で1人または2人がお手伝いする子で，もう1人がカウントする子となります。
① お手伝いをする子は，体の両わきのどちらか真横で立膝になり，挑戦する子の腿の裏あたりを持ちます。
　真横にいないと，上がってきた足が顔に当たる危険性があります。また，足首あたりを掴む子が多いので，腿の裏あたりを持たせることを重点的に指導します。
② タイミングを合わせながら，ゆっくりと腰が壁につくように持ち上げます。
　子どもたちは，足を持ち上げようとする意識が高いので，まずはきちんと腰を壁に押しつけるように指導します。

## ★ みんなが「できた！」ではなく，みんなで「できた！」
～5秒＋10秒＝15秒に挑戦！～

　だんごむし逆立ちの5秒と，頭つき逆立ちの10秒を合わせて15秒間保持できるかに挑戦します。
　まずは，列ごとに一斉に行います。もちろん全員で唱える口伴奏で，ポイントを確認します。5秒間のだんごむし逆立ちの後に，「足を伸ばして～！」と声をかけます。後は，全員で「イチ，ニイ，サン……ジュウ！」とカウントします。見事に1人でできた子は，帽子を赤にして「1人でできたくん！　1人でできたさん！」となります。できなかった子には，もう一度チャンスをあげて「お手伝いあり」での合格を目指します。みんなで「できた！」という，成功体験を共有する機会を増やし，子どもたちの意欲を高められると同時に，真っ逆さまになる非日常的な感覚を育めます。

## 6月 水遊び―お便りを使って：家庭との連携
# 毎日簡単にできることで「水と友だち」になろう！

### ★ 水泳の授業のスタートを楽しくするために

　本校では，6月上旬から水泳学習がスタートします。授業形態は3クラス合同での授業です。1年生の水泳の授業は，初めに個々の技能を見取ることを重点的に行います。しかし，子どもたちにとって初めての水泳の授業は「楽しみ」であると同時に「不安」と「緊張」でいっぱいであると思います。そこで，家庭でも簡単にできることに取り組んでもらい，スタートラインをできる限り揃えられれば，授業も効果的に進めることができます。

　家庭で取り組めるものは学習カードとして提示し，親子で成功体験を共有することで，水泳の授業に不安を感じている子も，少しでも前向きにさせてからスタートさせたいという思いがあります。

### ★ 日々の生活の中でできることを「繰り返し」取り組む

　子どもたちの生活の中で，水に触れる機会としては，「洗顔」や「お風呂」があります。水に慣れさせるために，わざわざプールへ出かけてもらうことはせずに，普段の生活の中で取り組めることを課題にします。

　実際に，私が受け持った学年で取り組んだものを紹介します。

#### 「水は友だち」第1弾：顔を洗う

　水を怖がる子は，顔を水につけることができません。そこで，手で水をすくい顔を洗うことで，水への抵抗感を少しずつ和らげていきます。最終目標は，「ジャブジャブ洗おう！」です。「ピチャピチャ！」「チャプチャプ！」から少しずつ水の量を増やしていきます。

### 「水は友だち」第2弾：頭から水を浴びよう（目を閉じたまま10秒間）

　頭から水がかかることは，非日常的なことです。水が苦手な子にとっては，水が顔だけではなく，鼻や口，耳に入ってくる恐怖感を一番強く感じます。そこで，目を閉じた状態から始め，頭からかける水の量も自分で調整しながら取り組みます。

　また，お家の人に水をかけてもらい，取り組み具合を見てもらいながら行うことも大切です。ゆっくりと10秒間浴びることが目標です。

### 「水は友だち」第3弾：頭から水を浴びよう（目を開けて10秒間）

　第2弾に慣れてきたら，次のステップへ進みます。次の課題は，「目を開けること」です。1年生にとってここが大きな壁となります。水中で目を開けることができると，授業で行う運動にも生きてきます。

　このステップまでを，全員ができるようにしておきたいです。

### 「水は友だち」第4弾：上を向いて水を浴びよう（目を開けて10秒間）

　最終段階は，シャワーへ顔を向けて目を開けたままで10秒間浴びます。私の受け持った学年では，この段階ができない子が数名ずついました。その子たちは，どうしても目や鼻に水が入ることへの抵抗感が強く，すぐに顔に手を当ててしまいます。

　しかし，この段階ができなくても，授業の初めのシャワーを浴びるときに，繰り返し取り組ませることで，少しずつ慣れていきます。

　このように，日常生活の中で行われている何気ない動きと似たようなことを続けることで，水泳学習に前向きに取り組める気持ちを育みます。

**6月** 水遊び―水に慣れる

# ゲーム化しながら，楽しく水に慣れよう！

## ★ ルールを守りながら意欲的に学ぶ〜学ぶ環境づくりを大切に〜

　水泳の授業は，プールという特別な場所と，水の中で行う授業であるために，きちんとしたルールの元で進めることが大切です。しかし，あれもダメこれもダメでは意欲的に学ぶことができません。そこで，1年生の子どもたちには，わかりやすいきまりを教え，徹底させます。1年生で教えることは，6年生まで共通で守ることでもあるので，しっかりと指導します。

　3つの約束は，次の通りです。

---

① 　プールサイドは走らない
② 　プールに入るときは，ゆっくりと
③ 　先生の話をよく聞く

---

　この3点を守るように，全員で唱えさせることを授業始めに毎回行うと，子どもたちに浸透していきます。学ぶ環境がきちんと整えば，自然と学ぶ気持ちも高まります。

## ★ 違った環境に慣れる

　家庭で数多く練習を積み重ねてきた子どもたちですが，大きなプールに入ること自体が怖さにつながります。その他にも，練習してきたシャワーの温度よりも冷たいことやシャワーの勢いも抵抗感となります。従って，抵抗なく楽しく活動ができるように，ゲーム化できることを多くし，計画的に進めます。

## ★ 積み重ねてきたことを実践する

　水泳の授業がスタートするまで，子どもたちは家庭で水に慣れる機会をたくさん経験してきました。水泳の授業の初めは，その積み重ねの成果を実践する場でよいと思います。もちろん，きちんとできているか見取る場でもあります。

### 確認その1：シャワーで確認

　頭から水を浴び，顔に水がかかっても大丈夫か確認します。すぐに手で顔を拭いてしまっていないか，ゆっくりと水浴びをさせます。もちろん，目を開けて水浴びができていることを確認します。すぐに，手で顔を拭いてしまった子は，個別に水を浴びさせてどのくらい水浴びができるかを確認します。

### 確認その2：「水のかけ合い」

　シャワーで顔に水がかかっても大丈夫か確認した後で，水のかけ合いをします。

　初めは，2人1組で行い，じゃんけんで勝った子が，負けた子に水をかけます。水のかけかたは，まずは「ジャブ・ジャブ・ジャブ」と3回，次は5秒間，とルールを少しずつ厳しくしていくようにすると，水への恐怖心がなくなります。

　また，イラストのようにグループでじゃんけんをせずに，順番に水をかけ合うことで，楽しく水に慣れることができます。

授業の前日までに，爪を切っておくことや，プールに入る前には，トイレをすませることを伝えておきます。

**6・7月**

水遊び―もぐりっこ
# 1人の活動から人数を増やしていこう！

## ★ 潜ることへの抵抗感の原因は何？

　水遊びが大好きな1年生ですが，水が苦手な子は何が原因なのでしょうか。特に，潜ることに対する抵抗感が強い子が多いです。その原因としては，耳に水が入ることで音が遮断されることや，息を吸うことができないことへの恐怖感が考えられます。また，水中では目を開けられないと，視界も遮られてしまうことも抵抗感の1つと考えられます。

## ★ 少しずつ潜っていこう！

　潜ることは，順序よく指導することが大切です。水泳の授業の初めの2～3時間で行うことが望ましいです。

**ステップ1：1人で顔つけ**

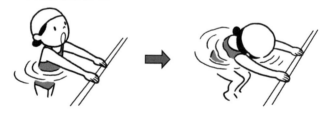

　プールサイドを掴んで行うことで，少しでも安心感を持ちながら取り組めます。最初は「鼻」と「目」がつけば合格とします。最終的には，耳までしっかりと顔つけをしたいところですが，どうしてもできない子は，教師の肩を掴ませて，視線を合わせ，安心感を与えながら取り組ませます。最後に，「耳までしっかり」にチャレンジし，できた子は褒めて，みんなの前でお手本にしてあげます。10秒間顔つけができるように，繰り返し行います。

### ステップ2：2人で顔つけ競争

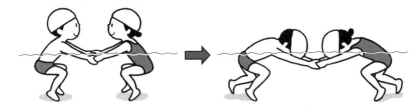

　ステップ1では，自分のタイミングで顔をつける感覚を身につけます。次のステップでは，ペアで手をつなぎ顔つけ競争を行います。

　初めは，「せーの！」で始め，「ブクブクーッ，パー！」とタイミングを合わせて顔つけを繰り返し行い，経験値を高めます。怖がっている子は，一緒に顔つけを行ってあげます。

　回数を経験したら，「よーい，ドン！」で顔をつけ，長く潜っていた方の勝ちとするゲームを通して，顔つけの機会を多く経験させます。

### ステップ3：1人で潜る

　子どもたちに，いきなり「潜って！」と言っても無理です。

　そこで，潜る目安を決め，段階的に潜らせます。初めは，「口まで」次に，「鼻まで」そして，「頭まで」と進めます。しかし，「鼻まで」の段階が1つの大きな壁となりますが，大きく息を吸い少しずつ潜る動作を繰り返し行います。頭まで潜ることができるようになった子は，プールの床に「手をタッチさせてごらん！」や「お尻を床につけてごらん！」と水中に体を沈ませる動作を体験させます。大切なことは，できることを1つずつ増やしてあげることです。少しずつ自分で「できた！」と実感させてあげるようにします。

> 6・7月

水遊び―カニ歩き・ワニ歩き
# プールでもおりかえしの運動を
# やってみよう！

## ★ 低学年の指導はプールの「縦」と「横」どちらが効果的？

　１年生の水泳の授業は，水深はおよそ70cmにするといろいろな動作が可能となります。また，低学年の水泳指導は，25mのプールをどのように使えばより効果的な授業ができるでしょうか。

　左の図のように，25mプールを縦に使うと，６コースしか使えません。１コースで泳ぐ人数が多くなり，待ち時間も長くなり，活動時間も少なくなってしまいます。これでは，技能の習得は難しいです。

　１年生は長い距離を泳がせるのではなく，水に慣れることが大切であるので，泳ぐ（潜る・浮く）頻度を確保することが大切です。

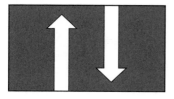

　そこで，プールも体育館と同じように横に使うと，一度に多くの子が活動可能となります。また，互いの活動の様子も近くで見られるというメリットもあります。

　従って，プールも体育館も同じように，場の設定を一工夫すれば効果的な授業ができ，子どもたちの力もどんどん伸びていきます。

## ★ プールでもおりかえしの運動をやってみよう！

　体育館で行うおりかえしの運動。多様な運動感覚を育むには最適な運動です。そこで，プールでもおりかえしの運動に挑戦し，必要な感覚を身につけさせたいです。

### プールでのおりかえしの運動　その1：カニ歩き

　体育館で行うおりかえしの運動は，クマやクモなどの動物歩きを行い，多様な運動感覚を養います。プールではカニ歩きから始めます。腰を落として口まで潜りながら横歩きをします。ブクブクと息を吐きながら移動して，口まで潜れたら，次は鼻まで潜り，息を吐きながら移動します。

　このとき，顔だけつけようとして，おじぎをするような姿勢になる子が多く見られます。声がけとして，「肩まで入って！」次に「口まで入ったらVサイン！」と段階的に取り組ませると効果的です。

### プールでのおりかえしの運動　その2：ワニ歩き

　両手がつくぐらいの浅いプールで，手だけで前へ進みます。カニ歩きのように口でブクブクできたら，鼻まで潜り，最終的には顔が半分以上入る深さで行うと息つぎの前段階の練習として効果的です。

　しかし，顔に水がつくのが嫌な子には，教師の肩に両手を置かせ，ゆっくりと引っ張っていく経験を積ませます。このとき，足が自然と浮いてくる感覚を楽しみながら取り組みます。初めは顔を出しながら進んでも合格にします。顔に水がかかることが多いので，水に慣れる運動としても，楽しみながら取り組めます。

### 7月

鉄棒を使った運動遊び―上がる・支える・ぶら下がる

# 即時評価で，諦めずに頑張る気持ちを育もう！

## ★ いろいろな動きを楽しくさせることからスタート！
～技の呼び方にも一工夫してみては？～

　鉄棒は，「痛い」「怖い」というイメージやこれまでの経験で，取り組む気持ちがはっきりと分かれる運動です。そこで，子どもたちに提示する技は，少しでも見たり・聞いたり，一度でもチャレンジしたことのあるものからスタートします。そこから，回数や時間を増やしていき，楽しみながら力を育みます。また，技の名前（呼び方）にも工夫すると，子どもたちはより前向きに取り組むことができます。技の名前は，「つばめ」「自転車こぎ」「だんごむしパンパン（足打ち）」「ふとんほしパンパン」など，「やってみようかな？」「楽しそう！」と思えるちょっとした工夫が，1年生（低学年）には大切です。

## ★ 上がる！支える！ぶら下がる！
～育める感覚はいっぱい！だから鉄棒は楽しい！～

　鉄棒は個人で行うものですが，4人1組の班での活動が一番です。数を数えたり，メンバーの取り組む様子を身近で観察したりできるからです。

### 上がる技：つばめ

　鉄棒にとび上がり，腰の位置に鉄棒がくるように，腕で支持します。このとき，手は肩幅で支持します。1年生で，支持できない子の原因は，肘が曲がり支持しにくい状態であることが考えられます。この場合には，腰を持ち上げて，支持している感覚を体感させることが大切です。できた子には，「体がまっすぐで綺麗だったね！」と声がけするとさらに意欲的に取り組みます。

### 上がる技：自転車こぎ

　つばめの姿勢ができるようになったら，「鉄棒につかまりながら，自転車をこぐように足を動かしてごらん！」と伝えます。10回こげたら合格にし，挑戦する回数は，20回程度までにします。腕支持の感覚を高める運動ですが，つばめが「静」の運動で，

自転車こぎは「動」の運動ですので，メリハリを持って取り組むことができます。「前回よりも回数が増えたね！」と細かく記録を残しておくことが大切です。

### ぶら下がりの技：だんごむしパンパン（足打ち）

　だんごむし（腕曲げの持久懸垂）の状態で，足を打ちます。最終目標は，膝がお腹につくように引き上げ，10秒間静止することですが，体を締める感覚が身についていない1年生は，まずは膝を軽く曲げた状態で足打ちの数を少しずつ増やして

いきます。初めは，「何秒間」よりも「何回」と回数を増やしていくことで，自分の記録の伸びが実感しやすく，前向きに取り組む気持ちを育み，10秒間静止する素地をつくります。

### ぶら下がりの技：ふとんほしパンパン

　体を前に倒し，腰の位置でぶら下がり，両手を離す運動です。体に力が入り，腰ではなくおへそのあたりでぶら下がると，痛みを感じます。力を抜いて腰のあたりでぶら下がれるように，膝を曲げることを中心に声がけをします。

手が離せるようになったら，「10回手を叩ければ合格！」を合言葉に取り組みます。

## 2学期は「関わり合い」の時期

　2学期の始まり9月（地域によっては8月後半から始まるところもありますが）は，2回目の学級開き（授業開き）をするほど重要な時期です。長い夏休みで，生活のリズムが崩れてしまっている子や，学習のルールを忘れてしまった子など様々な子がいますが，焦らずもう一度丁寧に指導する必要がある場面で，きちんと指導されている先生方も多いと思います。

　1学期は，運動に従事する時間を確保し，できることを増やし，たくさんの成功体験から「できた！」という機会を多くしました。

　そして，2学期は「子どもたちの話に耳を傾け，子どもとよくおしゃべり（対話）をすること」を大切にし，学級という集団の中で友だちとの交流を通じて満足度を上げることを大切にします。また，最も大切である「体を動かして運動感覚を高める」ためには，他者との関わりを通して運動感覚を高めることを一人ひとりが数多く経験してほしいと思います。

### ★ 2学期は，「関わり合い」から学ぶことを増やそう

　自分のことをすることで精一杯だった1学期でしたが，多くの子どもたちは学校生活や学習スタイルにも慣れて，さらに意欲的に取り組もうとします。そこで，2学期の体育授業では，以下の内容に重点を置いて取り組んでいくことを大切にします。

① 「関わり合い」の質を高め，自分自身はもちろん，友だち（ペア・グループ）の記録も上げることを大切にする

　1年生は，自分自身が「できた！」ことが一番嬉しいと感じることはもちろん，友だちができたことにも，自分のことのように喜ぶという特性をもっています。そこで，友だちの取り組みにも目を向け，「よかったね！」「頑張ったね！」と認める言葉や，優しい気持ちを多く育む必要があります。その

ためには，自分の思ったことや感じたことを「伝える」ことが大切です。その際にはどのような言葉を選ぶか，またどんな動作を加えながら伝えるのか，より伝える工夫が重要になってきます。自分自身が経験してきたことを，自分の言葉で友だちに伝えることはとても難しいことですが，最良の方法を思考する機会を多く経験し，共に成長していくことが大切です。

② お手伝い（子ども同士の相互補助活動）でも対話する（体に触れた対話）時間を多く経験させる

　言葉による対話だけではなく，「お手伝い（子ども同士の相互補助活動）」の対話も大切にします。1年生は，自分の思いや考えを言葉で表現することが苦手な子や，上手でない子など様々です。そこで，言葉ではなく，お手伝いの場面での支え合いや，教え合いの際の対話も多く経験させることが大事です。お手伝いを通して，自らの運動に生かそうとする気持ちが育まれることで，今後の学習の取り組み方も大きく変わります。そのためにも，授業内での関わりを通して，考え・悩んだことを解決することに重点を置くことが2学期の核となります。

## ★ ペアやグループで行う教材や競い合う教材を意図的に設定しよう

　体育の授業は，「関わり合い」を通して獲得する力が多くあります。学校生活に慣れた1年生にも，2学期からは関わり合いを多く経験させる機会を保障してあげたいです。そのためにも，意図的に関わり合いを多く持てる教材を計画することをおすすめします。

2学期は，より多くの友だちと「関わり合い」を持ちながら，運動感覚を高めることが大切です。「できてよかったね！」「頑張ったね！」と自分の思いを伝えることで，取り組みも変わります。

第3章　これで完璧！　12か月の指導アイデア　99

ゲーム―男女対抗ゲーム

# １学期の学びを復習しよう！

### ★ ２回目の授業開きは関わり合いを意識して
　　　　　　　　　　　　　　〜楽しさの中で関わること〜

　長い夏休みを終え，心も体も一回り成長した子どもたちと再会し，２学期の授業の方向性を決める最初の授業では，「関わる」ことを活動の中心に置きます。しかし，単に２人組の運動やゲームをすればよいのではありません。２学期の授業の方向性を示しながら，関わることの楽しさの一端を味わわせることで，これから前向きに関わろうとする気持ちをつくります。

　そして，励まし合ったり，認め合ったりしている場面を見かけたら，褒めてあげることを心がけます。２学期のはじめの一歩の授業が，子どもたちの意識を変える大切な時間となります。

### ★ ペアの活動で関わり合おう！

　１学期からおりかえしの運動やうまとび，水泳など多くの場面でお互い助け合ってきました。しかし，１学期の活動の中では，「関わる」というよりも「助け合う」という言葉の方が適切かもしれません。

　「関わる」ということは，運動を通して互いに関係を深め，技能の向上が図れるようになるということであると私自身は考えています。

　「友だちがいてくれたからできた！」や「友だちがコツを教えてくれた」という声が授業中に聞こえてくるように，運動によって関わりの場面を意図的に設定します。特に２学期の１時間目は，１学期に学んだことを中心にペアの活動を行います。

> 男女対抗じゃんけんゲーム

　ルールは簡単で，じゃんけんで勝った人が行い，負けた人が補助をしたり，数を数える役になります。じゃんけんで3回勝った人は，勝ち抜けとなります。　ゲームを行なった後には，「○○さんは，一人ひとりに声をかけていましたね」や「○○くんは，男女分け隔てなく取り組んでいましたね」などと褒め，その行動のよさを価値づけます。

## ★ もう1つのねらいは「再現」できているか
### 〜1学期の学びをいかに再現できているかを見取る〜

　じゃんけんゲームを行うのは，もう1つねらいがあります。それは，「再現性」です。1学期に学んだことを，しっかりと覚えているか。運動のポイントがわかっているかを確認する時間と位置づけます。

　例えば，じゃんけんで勝った人が，手押し車で5歩歩きます。1学期に学んだことが再現できている子は，膝を曲げずにお尻を上げるようにしています。そのような子には，その場で褒めるようにします。楽しく取り組むことも大切ですが，それ以上に運動のポイントを理解して取り組めているかが重要となります。勝ち負けを優先してしまいがちな1年生の子どもたちですが，関わることの楽しさと同時に再現性も意識できるような時間にしたいです。

## ★ じゃんけんゲームに最適な運動はこれ！
### 〜関わり合いを意図した運動を中心に〜

　子どもたちが自然に関わり，楽しむことができる運動は，どのようなものがあるでしょうか。1年生でも安全に取り組め，様々な運動感覚を育めるものを紹介します。
(1)うまとび（1のうま・2のうま），(2)ブリッジくぐり，(3)手押し車
　これらの運動はわずかな時間で，運動量も確保でき，様々な運動感覚を使うだけではなく，友だちの関わりが必要になります（※授業の進め方については，次のページで詳しく紹介します）。

**9月** ゲーム―じゃんけんゲーム（リレー型・入り乱れ型）
# 場の設定を工夫してたくさん関わろう！

## ★ 取り組ませる順序が大切！
　　　　　～場の工夫と計画性のある指導が必要！～

　じゃんけんゲームは，1年生には計画的に進める必要があります。いきなりゲームを進めることは難しいので，場の工夫と段階的な指導が肝心です。
　私の場合は，次のように進めていきます。

① **ステップ1：関所じゃんけんゲーム（班対抗形式）**
　関所じゃんけんとは，おりかえしの運動にじゃんけんを加えたもので，班のメンバーとの結束力を高めることができるので，1年生には他者との関わりを伴う運動の導入として，とても効果的な教材であると思います。

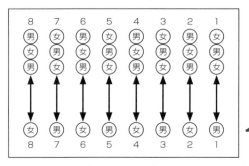

複雑にならないように，隣のチームとの対戦から始めます。ゲーム中も，メンバーの運動をより観察できるメリットもあります。

　既習のおりかえしの運動とじゃんけんの組み合わせであるので，時間をかけての説明の必要はありません。

### じゃんけんゲーム（リレー型）の運動例
　行きは「右足ケンケン」で進み，じゃんけんで勝ったら，走って戻ります。負けたときには，じゃんけんをした人の周りを1周してから走って戻ります。

※1年生は，競争意識が強くなりすぎて，ケンケンがいい加減にならないように，ゲーム前に丁寧に取り組むことを伝えます。負けたときには，プラスαの運動を加えることでゲーム自体が盛り上がり，順番を入れ替える作戦会議を入れることで，子ども同士の関わりも深まります。

② ステップ2：体育館全体を使って男女対抗戦（入り乱れ型）

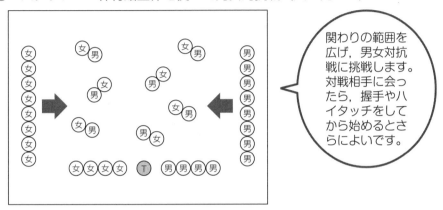

じゃんけんをして，目標の人数勝ったら，先生の隣に一列に並ぶよう指示を出します。決められた時間（1つの運動でおよそ2分間程度）になったら終了です。

## じゃんけんゲーム（入り乱れ型）の運動例

初めに取り組ませたい運動は，「ブリッジくぐり」です。じゃんけんに勝った人がブリッジをし，負けた人は，ブリッジを3回くぐります。次は「手押し車」です。勝った人が5歩歩き，負けた人は補助しながら歩数を数えます。最後は，「うまとび」です。じゃんけんに勝った人は，負けた人に跳ぶうまの高さを伝えます。負けた人は，うまになり数を数えます。最後のうまとびでは，高さを申告してから跳ぶという，「相手に伝えること」と「相手のことを知る」という関わり方を学びます。1年生にとっては，他者のことを知る・わかることが今後の運動場面で生かされる活動です。

**9月** 鉄棒を使った運動遊び—ふとんほし

# 楽しみながら逆さ感覚を養おう！

## ★ これからの鉄棒の動きにつながる大切な感覚

　小学校生活で学ぶ鉄棒の技の数々は，鉄棒を中心に回転したり，振動（振る）したりすることが必要です。

　そこで，1年生でその基本となる感覚をできる限り多く身につけることが大切です。しかし，子どもたちの鉄棒の経験値の差が大きいことで指導する内容のどこに基準をおけばよいか迷われている先生方も多いと思います。

　あまり高い課題だと，できない子どもたちにとっては苦痛な時間になりますし，易しすぎる課題だとできる子たちにとっては退屈な時間となってしまいます。全員が「できた！」と実感し，様々な技にも対応できる感覚を身につけさせることが大切です。

## ★「ふとんほし」をいろいろアレンジしてみよう！

　左の写真が「ふとんほし」です。この子のように，腰の位置で体を倒し，両手が離れた状態が保てるようになることが最終目標です。

　1年生に多く見られるのは，

- 体を倒すことに怖さを感じる子
- おへそのあたりで上体を倒し痛みを強く感じる子
- 体全体に力が入り，足が伸びてしまう子

の3パターンにまとめられます。このような子たちには，経験値を高めることが必要です。そこで，ゲームを通して，実際に取り組む回数を保障して恐

怖感や抵抗感を減らしていきます。

### ゲーム第1弾：ふとんほしぞうさん

　体を前に倒すことは課題としては高くなく，一番の壁は「両手を鉄棒から離すこと」です。そこでまずは，片手を離すことから始めます。体を倒したら，片手を離して，「ぞうさんの鼻のように腕を伸ばしてごらん！」と伝えます。離す手は左右どちらでも構いません。「ぶ～らぶら！　ぶ～らぶら！」とみんなで声を出します。「ぶ～らぶら！」という声のように，力を抜くことも同時に伝えます。グループ全員が左右の手が離せるようになったら帽子の色を変えて，全員合格を目指します。

### ゲーム第2弾：ふとんほしパンパン

　次のステップは，両手を離すことを目標にした取り組みです。両手を離せたら，拍手をします。班のメンバーは拍手の数を数えてあげます。

「何回手を叩けるかな？」

「まずは5回に挑戦しよう！」

　全員が5回叩けたら，10回と回数を増やすことで，時間が自然と長くなり，逆さになる感覚が育まれます。

### ゲーム第3弾：ふとんほしじゃんけん

　最後は，「ふとんほしじゃんけん」で締めくくります。

　この段階でも，両手が離せない子は，「片手でも大丈夫」と伝えます。しかし，前述したような取り組みを数多く積み重ねていれば，おそらく全員が両手じゃんけんができるようになります。

## 9月

ゲーム―ボールゲーム：投げ上げキャッチ・ワンバウンドキャッチ

# 正しい捕り方を覚え，ボールと仲よくなろう！

★ **ボールと仲よくなろう！**
　〜「投げ上げキャッチ」「ワンバウンドキャッチ」から始めよう〜

　ボールの操作はとても難しく，その感覚も非常に多岐に渡ります。「投げる」「捕る」「蹴る」「弾く」をできるだけ低学年のうちに経験させておきたいです。

　まずは，1人でできる「投げ上げキャッチ」から始めます。1人でできる内容ですが，2人1組にボール1個で活動します。取り組む人と，それを応援したり数を数えたりする人に役割を分けます。

　1年生の子どもたちは，極端に高く投げ上げるか，少ししか投げ上げないかの2つに分かれます。

一定の高さまで両手で投げ上げる　落ちてきたボールをキャッチする

　また，右上写真のようにきちんと落ちてきたボールに体勢を低くしながら胸のあたりで捕ることができた子は，良い捕り方のお手本とします。上手にできた場合には，合格で帽子の色を変えます。

　1年生はボールの落下地点の予測が難しく,なかなかキャッチすることができないので,回数を多く経験させることが重要です。
　1人の「投げ上げキャッチ」ができるようになったら,2人組でキャッチボールへ進みます。相手が捕りやすいボールをコントロールする技能を身につけます。力加減が難しい1年生には,「相手をしっかり見ながら,ボールを投げるときに指先を相手に向けてごらん！」と伝え,感覚を掴ませます。
　2人組では,「ワンバウンドキャッチ」も経験させます。サッカーのスローインのように投げ,ワンバウンドでキャッチします。ボールに勢いがつきすぎると自分に向かってくると怖さから腰が引けてしまう子もいますが,「1分間で何回捕れるかな？」と回数を記録させ,点数化することで,前向きに取り組む気持ちが育まれます。

**9月** ゲーム—ボールゲーム：パチパチキャッチ・床タッチキャッチ

# 「難しい！」からの「できた！」を味わおう！

## ★ 「やってみよう！」「できたらいいなぁ！」と思える教材を

「投げ上げキャッチ」や「ワンバウンドキャッチ」ができるようになったら，少しだけレベルを上げた教材を提示してみます。あまり高い課題ではなく，「できたらいいなぁ！」と子どもたちのやる気を引き出す課題が理想的です。

また，ペアでの学習を多くし，友だちの取り組む様子を見て自分の運動に生かす機会を多く持たせます。小学校で学ぶボール運動のスタートは，楽しい中に，チャレンジしたくなる仕掛けと，友だちと関わることを大切にして学習を進めることができればよいと考えます。

## ★ 動作を加えたボールキャッチに挑戦しよう！
〜パチパチキャッチ，床タッチキャッチ〜

「投げ上げキャッチ」にプラスαを子どもたちに投げかけると，「やってみたい！」という声が上がります。

### プラスα　その1：パチパチキャッチ

プラスした動作は，「手を叩く」です。簡単なようですが，子どもたちは2つの動作を同時にしなければいけないので，初めは戸惑います。しかし，

次第に「3回叩けた！」や「高く投げると，回数が増えるよ！」と取り組みから多くの発見をします。

なかなか高く上げられない子には，投げ上げキャッチを繰り返し取り組むように伝えます。

### プラスα その２：床タッチキャッチ

　プラスした動作は、「床タッチ」です。この動作は、ほぼ「しゃがむ」に近い動作で、難易度はとても高いです。

　まずは、２人組で、投げてもらったボールを床タッチしてから捕る練習を繰り返すと、立ち上がりながら捕る動作に慣れてきます。クラス全員がキャッチすることは難しいですが、「できたらいいなぁ！」「やってみよう！」と諦めずに取り組む気持ちを育む発展的な教材です。

## ★ 落下地点に入る感覚を養うことが大切！

　投げ上げキャッチに取り組む１年生の子どもたちを見ていると、投げ上げたボールの下に入ることができない子が多く見られます。また、自分の真上にボールを投げ上げられない子もいるので、この運動を経験させる価値は非常に高いと思います。

プラスαの動作を入れることで、難易度が増しますが、子どもたちの意欲も増すこと間違いなしです。

## 10月 走・跳の運動遊び―回旋リレー

# 手タッチからはじめ，最後まで全力で走ろう！

### ★ ルールは簡単に！ チームの力で勝利を掴もう！
~初めてのリレーは「回旋リレー」がおすすめ！~

　かけっこが大好きな1年生。「〇〇くんより速く走りたい！」という気持ちを誰もが持っています。その一人ひとりの思いを，集団の中で発揮することができるのが「リレー」です。

　しかし，リレーとはいえ「周回リレー」のようにバトンをつないでいくことは難しいのでまずは「回旋リレー」から始めます。

　1年生の回旋リレーへ向けての指導の段階は，次の通りです。あくまでも，シンプルに行えるように心がけます。

① 手でしっかりタッチすること
　タッチするときに交錯しないようにタッチする手を確認します。タッチした後は，班の最後尾に座らせます。

② 走っている人と次に走る人以外は，しゃがんで応援すること
　走り終えた子と衝突してしまうことがないようにするためと，走っているメンバーの様子をきちんと観察させるためです。

③ 全員が走り終えたら，全員で右手をあげる
　着順判定をより明確にするためです。ゴールした瞬間を判定するよりも，簡単に見極められるので，この方法をおすすめします。ここまでが

リレーであることを，子どもたちには伝えます。

ルールは3つですが，同時に「応援の仕方」や「手のあげ方」などを褒めることで，回数を重ねるごとにスムーズなリレーとなります。また，グループの一体感が高まり，ゴールしたときには達成感も味わえます。リレーの最終目標は「バトン」をつないで走ることです。まずは，「手タッチ」で行いました。次のステップは，「リングバトン」へと進みます。

## ★ 勝つための秘密を探そう！〜友だちの走り方を観察しよう！〜

回旋リレーの授業を進めていく中で，「勝ったチームに秘密があるのでは？」と子どもたちに投げかけてみます。すると，「コーンの曲がり方が小さい！」「体が斜めだ！」と気づく子がいます。大回りしてしまっているメンバーには「小さく回ろう！」と声をかけたり，「今の回り方はよかったよ！」と認め合う場面が見られるようになります。

## ★ バトンパスの仕方を学ぼう！
  〜バトンは使わずに様々なリングバトンで経験を積もう！〜

後ろから来るチームのメンバーからバトンを受ける方法は，写真のようにライン上で待たせ，左手または両手で受け取ります。中には，受け取る手が右手になる子もいますので，「走っている人をよく見ていなさい！」と指導し，左手での受け渡しを身につけます。

**10月** 走・跳の運動遊び―ドン！じゃんけん

# いろいろなコースで，走る楽しさを味わおう！

## ★声に出して！「ド～ン！じゃんけんポン！」

「ドン！じゃんけん」はチームで競走する楽しさを味わえる運動です。また，ゴール目指して全力で走る気持ちを育む運動でもあります。短い距離ですが，チームの友だちが頑張る姿を見てワクワクする気持ちと，自分が実際に走ったり，じゃんけんをしたりと勝負をするドキドキの気持ちとを一度に味わえる運動です。

この運動は，ルールは簡単です。

---

① チームが二手に分かれ，走る順番に並びます

ゲームに慣れるまでは，普段通りの4人1組で順番に並びます。その後，じゃんけんで並び順を決めたり，誕生日の早い順に並んだりします。

② 先頭がスタートラインにつき，全員の準備が整ったら全員で手をあげ待ちます

各チームの準備が整ったことが一目でわかるように，このようにします。この約束で，おしゃべりに夢中な子や準備が遅い子もクラスのために，素早く動こうと努力します。

③ スタートの合図と同時にスタートし，ラインの上を走ります

初めは，直線のラインで練習し，その後曲線や円のラインを加えます。

④ 対戦相手と出会ったら，両手を合わせて「ド～ン！じゃんけんポン！」と声を出しながらじゃんけんをします

普段声に出すことが苦手な子も，全員で同じ言葉を言い続けることで，声を出しやすい

雰囲気になります。
⑤ じゃんけんで負けた人は、手をあげて「負けた！」と大きな声で次の人に伝えます。勝った人は、そのまま先へ進みます
　自分のチームに負けたことを知らせます。勝った人が相手の陣地のラインに入ったら得点となります。

## ★ 場の設定はできるだけ簡単に！～準備は手軽にしよう！～

　先生は、体育の授業だけではなく、他の授業の準備もしなければいけません。この運動には、ラインが必要です。

　そこで、一工夫してみます。私は右の写真のように色の違う長縄をつなぎ合わせ、円にしてコース上に置いています。長縄は、この他にも曲線のコースとして使うこともあります。

## ★ いろいろなコースを走ってみよう！
　　　　　　　　　　　　～カーブでの身のこなしを学ぶ～

　1年生の子どもたちは、ラインが引いてある場所はまっすぐ走ることができます。ただし、カーブや円を走る経験は少ないので、まっすぐに走るときの走り方との違いを経験させておきたいです。右の写真のように、体が内側に傾くことが自然にできるように機会を保障することが大切です。

### 10月 走・跳の運動遊び―かけっこ入れ替え戦
# 最後まで全力でまっすぐ走ることを意識しよう！

## ★ 走る楽しさを絶やさぬように

　走ることが大好きな1年生。特に，「かけっこ」は大好きです。この気持ちを大切にしながら，さらに全力で走る経験を積み重ねてあげる授業を行いたいです。

　しかし，「競走」すると必然的に「勝ち」と「負け」という結果が出ます。勝負ですから勝つこともあれば，負けることもあります。このような経験を通して，「悔しい！」や「次こそ頑張ろう！」という前向きな気持ちと，「走るの苦手！」や「遅いから走りたくないなぁ！」というマイナスな気持ちが芽生えるので，1年生のこの時期には「走るのが楽しい！」と思える工夫が必要です。

## ★「次こそは勝つぞ！」と思える一工夫
### 〜一緒に走るメンバーはどう決める？〜

　本校は5月末に運動会が行われます。そのために，年度初めに50mのタイムを計測し徒競走の走るメンバーを決めます。「入れ替え戦」では，このタイムを元に，走るチームを編成します。編成の仕方は，タイムがだいたい同じくらいの子を4人1組で組みます。この組み方により，「勝てるかもしれない！」という競争意識が高まり，記録の向上も図れます。

## ★ まっすぐ走ろう！〜ゴールへ向かって全力で走る〜

1年生の子どもたちのかけっこでの様子で見られることは，
① 隣のコースの子が気になり，どうしても顔が横を向いてしまうこと
② ゴール手前で失速してしまうこと

この2点が多くの子たちに見られます。そこで，ゴールラインを過ぎるまで失速しないように声がけは忘れずに行います。1年生では，「自分のコースを，前を見て走る」と「全力で走りきること」を目標にしますが，場の工夫で2つの問題を解決することができます。子どもたちにわかりやすく，満足感と達成感のある運動を円滑に進めるための場づくりは次の通りです。

○待つ場所は2つ
　その理由は，スタートの様子を観察できる場と，中間走やゴール前後の様子を観察できる場として必要だからです。

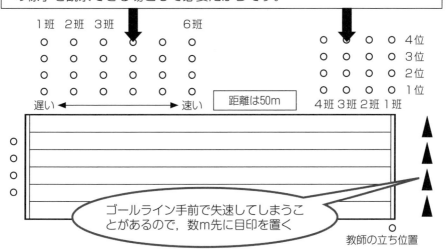

「入れ替え戦」であるので，全員が走り終わったら，1位になった子は1つ上の速い班へ進み，4位になった子は1つ下の遅い班へ移動し2回目を走ります。理解できない子もいるので，1位の子と4位の子たちだけ移動させると理解しやすくなります。

**10月** 走・跳の運動遊び―グリコじゃんけん

# 1歩を大きくして，片足踏み切り・両足着地を身につけよう！

## ★ いろいろな走り方を経験させてから

「全力で走ること」は，誰にも多く経験させておきたいことです。ただ，いきなり50mを全力で走ることよりも，短い距離（おりかえしの運動で行っている10m程度）を全力で走りきることができる体力を身につけさせたいです。

しかし，単に10mの往復をするだけでは，多様な運動に対応できる運動感覚は身につかないと思います。すでに1学期の初めに「おりかえしの運動」を通して様々な運動感覚が身につき始めている1年生には，さらにいろいろな走り方を経験させたいです。子どもたちに経験させておきたいのは，以下の通りです。

①スキップ ②ケンケン ③ケンパー（ケングー） ④両足跳び
⑤ギャロップ（ツーステップ） ⑥大また歩き など

上記の走り方は，いろいろな運動場面で必要となるものばかりであるので，何気なく取り組んでいることですが，「その先に」必ずつながっている運動があることを意識しながら，授業を進めることはとても大切です。

## ★ 大また歩きで何歩で行ける？〜クラスの目標値を設定しよう！〜

昔，私が子どものころに学校の帰り道であそんだ「グリコじゃんけん」。この遊びは実はとても大切な運動感覚を養うために非常に効果的な教材です。

「グリコじゃんけん」で大切なことは，「片足踏み切り」から「両足着地」が原則です。また，いかに早くゴールに到達するかが問題です。そこで，ま

ずは「大また歩き」にしっかりと取り組ませます。大また歩きを練習しているときに、上手にできている子を見つけ、よい見本として全員の前で披露させます。「ゴールまで何歩でいけるかな？ みんなで数えてみよう！」と伝えクラスの目標値を設定します。また、見本の子の様子を観察させると、腕を大きく振り体全体で走っていることがわかります。

　まずは、大また歩きをマスターすることが大事なのですが、1年生の中には、大また歩きができない子がいます。「スキップ」になる子や、「ギャロップ」のような動きになる子がいるので、手をつなぎリズムを合わせながら一緒に歩くようにすると、少しずつ改善されます。体が「ふわっと」浮くような感覚を味わうことが近道となります。

　また、初めは大また歩きで勢いがつき、「両足着地」ができない子が多く見られます。しかし、回数を重ねるごとにきちんと両足で止まることができる調整力がついてきます。お互いに、両足着地ができたら、「OK！」と合図を出し合うようにすると、さらに意識が高まります。

「グリコじゃんけん」は、「ドン！じゃんけん！」のように取り組み易く、何も道具を準備しなくてもよい運動です。休み時間も取り組むと、どんどん力がついていきます。

体つくりの運動遊び―短なわとび：授業開き

# なわとびの授業開きを大切にしよう！

## ★ なわとびの教材としての価値は？

　短なわとびは，短時間でも確実に運動量が確保できる優れた運動教材です。また，自己の技術の伸びを実感しやすい教材としてもとても有効です。

　そして，なわとびは個人の運動のように思われますが，相手と記録を争うことや，グループ対抗戦など，工夫次第で多様な授業を展開できます。また，なわとび運動は，リズム感とタイミング，手と足の動きの協調性を高めるのには最も適した運動です。

　従って，なわとび活動を通して，技能はもちろん，関わり合う点や自分自身の意欲の高まり方など，大変有効な運動であることは間違いないので，数多くの経験を積ませていきたいです。

　現在受け持つ1年生の学級で，なわとびの経験を聞いたところ，「経験なし」と答えた子が1名，「経験しているが嫌い」と答えた子が1名という回答でした。大切なことは，授業や休み時間に子どもたちと成功体験の共有ができることと，「取り組んだだけ，力がつく」ということを実感させることです。様々な指導を通して，「できた！」という歓声が響き渡ってほしいです。

## ★ 子どもたちの「やる気」を大切に
### 〜休み時間の子どもたちの様子から〜

　1年生の子どもたちに「なわとびの授業を行います」と伝えると，徐々になわとびを学校に持ってくる子どもたちが増えてきます。「先生なわとび跳んできていいですか？」と尋ねられます。答えはもちろん，「いいよ！」です。「跳びたい」という気持ちと「私こんなに跳べるんだ！」という気持ちの表れです。その気持ちはとても大切です。

しかし、その様子を見てみると腕を大きく回している子が多く見られます。その場面では、細かい指導はせず、「すごいね！」「そんなに跳べるの！」と前向きな言葉をかけることを意識します。

## ★ なわとびを跳ぶ前に〜確認しておきたいこと〜

なわとびの授業の前に、確認しておくことがあります。

1つ目は、「長さ」です。縄の真ん中を踏んで、自分の胸の高さが目安です。長すぎると回しづらいので、この長さを基本とします。

2つ目は、「調整の仕方」です。縄の長さを調整してもらっていますが、グリップの中で縄を結んでいないか確認します。

この2つが確認できたら、いよいよ授業を始めます。

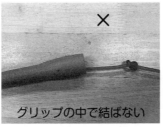
グリップの中で結ばない

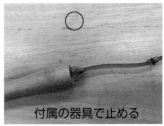
付属の器具で止める

## ★ 上手な人の跳び方をまねしよう！

授業の初めは、「その場でジャンプ」や「脇回旋」をしながら縄の操作と跳躍運動をつなぐ活動をします。1年生は一生懸命跳ぼうと力いっぱいにジャンプし、腕を大きく回す子が多く見られます。しかし、その跳び方ではうまく跳べません。一つひとつの動作で上手な子を選び、よいところを焦点化します。

ポイントは、グリップは腰骨のあたりにして（子どもたちには、ズボンのゴムのあたりと説明します）、手首を中心に細かく回すことと同時に、足裏をすべて地面につけずに、つま先で跳ぶことを指導します。

**11・12月**

体つくりの運動遊び―短なわとび：その場でジャンプ

# 縄を使わずに，その場で真上にジャンプしよう！

## ★ その場でジャンプが大切！

　1年生の子どもたちに限らず，なわとびが苦手な子の跳び方を見ていると，跳んでいるとあちこちに移動してしまう子がいます。この子は，真上にジャンプする調整力が身についておらず，余計な力を使ってしまうだけではなく，縄の一番跳びやすい場所（縄の中心）を通らないので，引っかかりやすくなります。

　そこで，真上にジャンプする「その場でジャンプ」から始めます。以前は，両足ジャンプで手を胸の前あたりで叩くことを中心に行っていましたが，今はその場でジャンプする目印を置いて取り組ませています（目印には，ケンステップが最適です）。

　しかし，ただ真上にジャンプする動作を繰り返し行なっていると，子どもたちはすぐに飽きてしまいます。そこで，授業では縄を使って様々なジャンプをする機会を保障します。

### 前後・左右にジャンプ　その1

　自分の縄を二つ折りにして，前後・左右にリズムよく跳ぶ練習をします。太鼓のリズムに合わせ，跳びますが，うまくリズムが掴めない子は，両手を持ってあげてサポートします（※回数は10回程度がよいかと思います）。

　このときに，目線を下に落とさないようにペアで向かい合って行うとさらによいです。数を数えながら手を叩き，リズム感を大切にします。

### 前後・左右にジャンプ その2

前後・左右ジャンプをバランスよく経験した後で，前後左右ジャンプを一度にできる「クロスジャンプ」へ進みます。

写真のように，きちんと跳べているか友だちに確認してもらいながら行います。右回り→左回りなど，跳ぶ方向を決めて行い，跳躍回数を保障してあげることで，少しずつ調整力が高まってきます。

この運動は，短い時間で十分な運動量となります。この運動を行なった後に，縄を回す動作へと進めます（※この運動は，新潟学校体育研究会で出会った方法を参考にしています）。

### ★ 共通課題で子どもたちを見取る ～1時間ごとの成長を認める～

1年生のなわとびの授業では，経験のない子もいるために，一人ひとりスタートラインが違います。しかし，「その場でジャンプ」は経験の差は関係なく進められます。もちろん，跳躍する感覚には差がありますが，これまでに「おりかえしの運動」で経験してきた「両足跳び」を土台として，進められるので，一人ひとりの成長を見取ることができます。やはり，どの運動もつながりを持たせることは大切なことだと思います。

「その場でジャンプ」は，リズミカルに跳躍できるようになるためにとても大切です。
縄を使わなくても大丈夫！

**11・12月**

体つくりの運動遊び―短なわとび：いろいろな回し方

# いろいろな縄の回し方にチャレンジしよう！

## ★ 回すのは片手からスタートで大丈夫！〜「脇回旋」いろいろ〜

　縄を操作することは，簡単なようで非常に難しいです。縄を上手に回すようになるには，「手首で回すこと」ができるようになることです。

　しかし，1年生の子どもたちは「肩を中心に大きく」回してしまう傾向があります（バンザイをしているような感じになる）。その回旋動作を，手首中心にするためには，いろいろな縄の回し方を経験することです。どんな位置で回しても，手首を中心に細かく回すことができるように改善されます。回数を保障してあげることが何よりも大切です。

### 脇回旋（前・後）

　グリップは腰の位置にして，脇を締め小さく回します。縄を回すと同時に，膝でリズムをとりながら行います。

　太鼓のリズムに合わせて回し，右を10回回したら，左も10回回します。また，前回しと後ろ回しも同時に教えます。脇回旋は，左右バランスよく回すことで回し方が安定してきます。

　この学習で，どうしても縄が体に当たってしまう子がいます。その場合は，後ろから手を持ってあげて一緒に回してあげます。縄の動かし方を体感させるために大切なことです。

　また，回しているときの目線も大事です。縄を回しているときに「足元（下）や周囲を見てしまう」子がいますが，前をしっかり向くように指導します。

### 体の前や頭の上，8の字での回旋

　なわとびの技は数多くあります。そこで，どんな位置でも細かく回せることを身につけさせたいので，頭の上で回すこともあります。「ヘリコプター！」というと，子どもたちは楽しそうに回します。

　また，体の前で8の字を描くように回すと，「あやとび」「交差とび」につながります。

　短なわとびですが，体の前で肩を中心に円の描くよう回旋させることも経験させます。「長なわとび」の縄の回し方につながります。

　片手での回旋感覚に慣れてきたら，縄を2本両手に持ち，回してみます。縄を跳ぶ感覚に近い状況になります。同時に軽くジャンプして，回旋動作と跳躍動作をつなぎ合わせてみます。

　ここは，ペアでの活動で行わせ，10回ごとに交代しながら取り組ませます。

　「その場でジャンプ」と「片手の回旋動作」がなわとびの授業では大切なはじめの一歩となります。

回旋動作は，左右バランスよく取り組むことが大切です。「細かく回す」「目線は前に！」を常に声がけします！

**11・12月** 体つくりの運動遊び―短なわとび：前回し

# 手首を小さく回そう！

## ★ 前回し（一回旋一跳躍）をマスターしよう！

前回しは踵の後ろから縄を上げ，頭の上を通り，縄を跳び越えるという動作の繰り返しです。

手首を中心に，膝でリズムをとりながら，つま先での着地と一度にたくさんのことを行うので，まずは教師が見本を示すことが大切です。そして，上手になってきた子は，どこが上手であるか具体的に評価してあげます。

前回しが定着するには，短時間でも繰り返し取り組ませることが大切です。

一回旋二跳躍になってしまう子には，片手で一回旋一跳躍を跳ばせる練習を多くします。

＞＞ 前回しができるようになったら，後ろ回しにチャレンジします。

## ★ 憧れの二重回しに向けて～「30秒早回し」「ビュンビュン回し」～

子どもたちの憧れの「二重回し（二回旋とび）」へ向けて，休み時間も熱心に練習している様子をよく見ます。二重回しの練習に効果的なものに「30秒早回し」と「ビュンビュン回し」があります。「30秒早回し」は教師が時間を計り，回数はペアの子に数えてもらいます。1年生ですので，数え方も事前に練習します（代表で30秒早回しを行い，数の違いがないか確認をします）。10回ごとに指で示して跳んでいる子もわかるようにします。

目標は70回。この回数ができるようになると二重回し（二回旋とび）が跳べる縄の回すスピードになります。

右の写真は、二重回し（二回旋とび）に挑戦する子が「ビュンビュン回し」に挑戦している様子です。「ビュンビュン！」と強く回す経験を積ませます。

## ★ いろいろな跳び方に挑戦しよう！〜あやとび・交差とびへ〜

前回しがほぼできるようになったら、新しい技に挑戦します。これまでとは違い、縄を交差させる動作が入る「あやとび」から「交差とび」へと進めています。

「おへその前」で腕を交差させるため子どもたちにとって、非常に難しい技です。一回旋しないうちに腕の交差を戻してしまう子と、交差する腕が胸のあたりと高い状態の子が多く見られます。

縄を交差させたままで手首を回すだけの「交差とび」の方が跳びやすい傾向にありますので、一つずつ取り組ませるよりも、同時に2つの技を指導する方が効果的かと思います。

また、交差したときに手の甲を前へ向けることと、グリップが体の外に出ているかを観察ポイントとして教え、ペアの子に見てもらいます。

跳んでいる子どもに声をかけるときも「手の甲は前だよ！」「グリップが外に出てるかな？」と繰り返し伝えていきます。

1年生で、両足とび（前・後）・あやとび・交差とび・二重回しができるようにしたいです。

11・12月　体つくりの運動遊び―長なわとび：大波小波・ゆうびんやさん

# 歌とリズムに合わせて跳んでみよう！

## ★ 長なわとびの教材のよさは？

　「長なわとび」というと，どのようなイメージを持っているでしょうか。「連続でどんどん跳ぶ」や「大人数で何回跳べるか」など様々ですが，長なわとびは，回し手2人が回す縄を1人が跳ぶことから始まります。その中でひっかかると，クラスのみんなから注目されてしまいます（失敗が目立ちます）。そして，1年生の子どもたちはまだ友だちとの関わりがうまくない子もいますので，教師も声をかけたり，一緒に跳んだりして，ともに達成感と一体感が一度に味わえることがこの運動教材のよさです。また，授業の初めのころは，歌を歌いながら取り組めるので，楽しい雰囲気の中で取り組めます。

　つまり，長なわとびは，「仲間意識を高める」には最良の教材であると同時に，休み時間にも取り組みやすい（日常化しやすい）のが，この運動のよさだと思います。

## ★ 「大波小波」から始め，「ゆうびんやさん」へ

　長なわとびの初めの一歩は，回る縄ではなく左右に揺れ動く縄を跳ぶ「大波小波」から始めます。最後は数回回る縄を跳ぶので，縄への対応力が一度に身につきます。

　また，歌に合わせることで，縄を操作するスピードが調整しやすいというメリットがあります。

### 大波小波

　縄を待つときには「小さく跳ぶ」,縄が足の下を通り過ぎるときは「大きく跳ぶ」という2回の動作が入ります。従って,リズムよく続けて跳ぶことが大切です。

　また,1年生にとって,長なわとびで一番の壁は「縄を回すこと」です。縄の回し方は,事前に説明しても,うまく操作することが難しいです。ポイントとして,「地面に

縄がしっかりつくように振ってごらん」,「ぞうさんが鼻を振っているように大きく振ってごらん」と伝え,手をとってテンポと振り方を実感させます。

### ゆうびんやさん

　ゆうびんやさんでは,大波小波の最後の数回のように回る縄を跳ぶ経験をした後で,大きく回る縄を10回跳ぶことを目標にします。どうしても,縄を回すテンポが速くなってしまうので,「歌に合わせてゆっくりと!」を繰り返し伝えます。最後の縄をまたいで止められたら合格です。

　合格できたら,帽子を赤に変え,回し手を担当し,全員合格を目指して繰り返し行います。長なわとびの時間は,「やったー!」「できた!」の声がいろいろな場所から聞こえ,クラス全体が仲間意識を高めようとする雰囲気が伝わってきます。

**11・12月**

体つくりの運動遊び―長なわとび：くぐり抜け（通り抜け）

# 回し手を必ず経験して跳ぶタイミングを掴ませよう！

## ★ 跳ぶタイミングはどう掴む？

　長なわとびを跳ぶタイミングを掴むには，実際に跳ぶことが一番だと思いますが，跳んでいる友だち（跳ぶのが上手な子）を見ることはもっと大事だと思います。また，観察する場所はより近くであればもっと掴みやすいです。

　では，どこが一番よいかと考えると「回し手」の場所が一番です。それは，実際に縄を回しているときに「どのタイミングで跳んでいるか」「縄がどこにあるときに跳んでいるか」を実感できるので，跳ぶことと同じくらい回し手を経験できるように交代制にし，回し手を確実に経験できるようにすることで，跳ぶタイミングを掴めます。

## ★ 跳ぶタイミングよりも縄に入るタイミングを掴もう！
### ～通り抜けで縄に入るタイミングを掴む～

　これまでは，揺れる縄に入る練習をしてきました。しかし，次の課題は上から下にくる縄に入ることになります。この運動を「くぐり抜け（通り抜け）」といいますが，運動の仕方は次の通りです。

① 上から下へくる縄の近くに立ち，縄が目の前を通り過ぎたタイミングで，縄を追いかけるように縄に入ります

　縄から離れすぎないように，待機する場所を決めておきます。どのあたり

に立つのか迷わないようにします。
② 地面（床）に縄がついたらスタートし，止まらずに走り抜ける
　縄に入るタイミングはわかるが，どうしても一歩踏み出せない子は必ずいます。手をつなぎ一緒に通り抜けてあげることを何回か経験させるとスムーズに通り抜けられるようになる子，同じ班の子に背中を押してもらえば通り抜けられるようになる子がいるので，状況に合った方法を選択します。
③ 通り抜けたら列の一番後ろに戻る
　「くぐり抜け（通り抜け）」は，初めは自分のタイミングで入ることができれば合格にします。次第に慣れてきたら，前の人に続いて通り抜けられると合格になります（空回しなしで，連続でくぐり抜けられると最高です）。

## ★ 回し手と跳ぶ経験を平等に！

　「くぐり抜け（通り抜け）」は，通り抜けることができると，より楽しさが増します。子どもたちは「できた！」から「もっとやりたい！」に変わります。しかし，子どもたちの運動の様子を見ていると，回し続ける子と通り抜けしかしない子に分かれてしまいます。そこで，回し手を交代制にすることで，全員が平等に両方を経験することができます。また，各グループの様子を見ながら，「回し方が上手だね！」「ちゃんと縄の中心が地面（床）に当たっていいね！」と褒めることで，回し手の価値を高め，回し手に進んで取り組む子を増やしていきます。

　1年生のうちに上手な回し手を育てることで，この後の長なわとびの学習がスムーズに進められます。回し手の価値を高め，子どもたちに伝えることも大事です。

> くぐり抜け（通り抜け）で，連続何人抜けられるかに挑戦してみると，子どもたちの意欲がさらに高まります！

**11・12月** 体つくりの運動遊び―長なわとび：0の字とび

# タイミングは縄の音をよく聞こう！

## ★ 「音」は体育館の方がよい！？

　長なわとびの授業は，校庭と体育館のどちらで行うのがよいでしょうか。答えは，準備しやすい方でよいと思います。体育館には，何本もラインが引かれています。ただし校庭にはラインを引かなければいけません。従って，目印となるラインのある体育館の方が，先生だけではなく，子どもたちにとってもわかりやすいと思います。私は，長なわとびの授業では指定席をつくっています。指定席は，ラインが交わっている場所や，目印にしやすい場所を選びます。

　また，長なわとびの授業で大切にしたいことの1つに，「音」があります。縄が床についたときの「パン！」という音が縄に入るときや，跳ぶときの合図となるので，1年生にとっては体育館の方が効果的な場所だと思います。

校庭にラインがあればそのラインを活用してもいいですね。細かい指示を出すよりも，長なわとびの場所（指定席）を決めておくと，授業を進めやすくなります！

## ★ かけ声はクラスみんなで決めよう！

　いよいよ長なわとびで，跳ぶ段階になります。くぐり抜け（通り抜け）と同じ動きで行います。子どもたちの動きが数字の「0」であるので，「0の字とび」といいます。

　「0の字とび」の授業の進め方は，次の通りです。
① 　上から下に降りてくる縄に入り，1回だけ跳びます
　縄に入るタイミングは，床に縄がついたときの「パン！」の音を合図に，

縄を回す人の真ん中で止まってジャンプします。

### いつ入るか？

縄の位置と音で入るタイミングを掴める子もいますが，中にはどうしても入れない子がいます。その子には，回し手の人と班のメンバー全員で「今！」「今！」と声をかけてあげることで，さらにタイミングがとれるようになります。

### 私のクラスのかけ声はこれ！

各グループで縄に入り，跳ぶかけ声をそれぞれで考えてみました。その中で，一番入りやすくて跳びやすかったかけ声は，

「1，2の3で止まって！ジャンプ！逃げろ〜！」でした。

「止まって！」の位置は，写真にあるように体育館のラインを活用すると，きちんと止まり，その場でジャンプする目印となります。

このときにも，なかなか縄に入れない子がいるので，背中を押してあげるか，一緒に跳んであげるか，その子に合った支援の仕方で感覚を養います。

② 縄の真ん中で跳んで，走り抜けます

走り抜けるのが遅れてしまい，縄に引っかかる子もいるので，そのときには縄を離してあげると，転ばずにすみます。

全員が跳べるようになったら，次のステップ「8の字とび」へ進みます。

**12月** 体つくりの運動遊び―長なわとび：8の字とび

# 縄の真ん中を跳んでみよう！

## ★ もう一度回し手の確認を！

「8の字とび」へ進むと，回し手の重要性がさらに高まります。回し手の指導については，低学年のうちは肩を支点にして「大きく」「ゆっくりと」，そして「膝を上下させてリズムをとりながら」を基本とします。

縄を回すことが跳ぶ練習になりますので，8の字とびへ進む前に，もう一度確認します。

この子たちのように肩を支点に大きく回すことを価値づけていきましょう。

### 縄の長さは？　何か工夫は？

縄の長さはおよそ4mがいいと思います。また，縄の端に結び目をつくり，結び目の端に手がくるように握ります。そして，手に一回巻いてから握るとすぐに縄が抜けません。

## ★ 全員で「8の字とび」を跳ぼう！
～何回跳べるか挑戦してみよう！～

いよいよ最後は，1年生の長なわとびの最終目標である「8の字とび」に挑戦します。動きは，次のページの図のようになります。

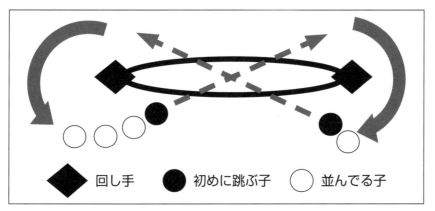

　このような図を黒板や画用紙に書いて、跳び方を確認します。跳ぶ子の立ち位置としては、「回し手の横に並ぶこと」を伝えるが、恐怖心から回し手の横に立てずに、離れてしまう子がいるので、「先生が肩をタッチができるところ」や「ケンステップのあるところ」と制限しておくとよいと思います。

## ★ 縄の真ん中を跳ぶにはどうする？

　「8の字とび」を跳ぶコツは、回し手のちょうど真ん中で跳ぶことです。跳ぶポイントとなる場所に目印をつけておくと、誰もが縄の真ん中を跳ぼうと意識するのでよい目安となります。なぜ真ん中なのかをきちんと知らせることが大切ですが、指導した「回し手の近くから縄に入る」ということを忠実に守ると回し手に近いところを跳んでしまう気持ちも十分にわかります。そこで、回し手に近い場所だと、縄が床（地面）についていないので、引っかかりやすいと実際に見せると実感できます。

12月 ゲーム―ボールゲーム：壁ぶつけ

# 体全体を使って，正しい投げ方でどんどん投げよう！

## ★「投げる」という動作を知ることから始めよう！

　ボールを投げる経験は，幼稚園・保育園の中でドッジボールや，家庭でキャッチボールを経験しているぐらいかと思います。今では，公園でもボールを使用してはいけないところもあり，生活環境の変化によりボールに触れること自体少なくなっています。

　そこで，1年生には「投げ方」のポイントをしっかりと身につけさせるところから始めます。

### ステップ1：壁ぶつけ

　校庭にある投てき板（ない場合には，壁を利用します）に向かって強くボールを投げます。戻ってきたボールはすぐに拾い，もう一度投げることを繰り返します。投げる距離は3mぐらいから始めます。

○投げ方の指導方法について

---

① 目印となるラインをまたぎ，横を向く

　両足が揃ってしまう子がいるので，肩幅程度に足を開いておくために行います。

② 肩を引き，前に出した足を上げもう少し前へ足を出す（踏み込む）
　※漢字の「大」を体で表すようにする

　投げる手と足が一緒に前に出てしまい，肩を後ろに引けない子がいる

ので，前に出した足を踏み込むことを意識させます。
③　ボールを投げる（ボールを投げた腕は体に巻きつけるようにする）
　体に巻きつけるようにすることで，強くボールが投げられます。前に出した足の膝を触るようなイメージであることを伝えます。

○ちょっとゲーム化してみよう！
　３ｍの距離ノーバウンドで当てることが５回投げて３回でき，さらにきちんと捕ることができたら，１ｍ後ろに下がって投げることができます。判定するのは同じグループの子にします。投げる距離は，最大でも５～６ｍ程度までとします。
　ここで，きちんとした投動作が身についていない子には，足の出し方や腕の振り方を指導します。

#### ステップ２：30秒壁ぶつけ

　３ｍの距離で慣れてきたら，30秒間投げ続けます。何回投げられて，何回捕れたか回数を記録します。この運動で，正確性を高めるだけではなく，投動作の定着を図ります。短時間ですが，繰り返し同じ動作を行うことで，投動作が確実に身につきます。また，跳ね返ってきたボールを捕り，すぐに投げるという動作は，これから行う「ドッジボール」につながる動きでもあるので，できるだけ多く経験させておきます。

# 12月 ゲーム―ボールゲーム：キャッチボール
# 相手の胸に投げてみよう！

## ★ 基本となる技能を身につけ、その先にある運動を意識して

　ボール運動は，1人でできることは少なく，必ず複数の人で構成された場面で行われることが多いです。そして，相手が捕りやすいボールを投げたり，相手が捕りづらい場所に投げつけたり，その様相は運動によって異なります。しかし，ボール運動に共通しているのは，コントロールや力加減など様々な調整力や技能が必要であることです。そこで，「壁ぶつけ」のように，壁に向かって力いっぱい投げる経験も必要です。また，狙った場所にしっかりと投げられたり，きちんとボールを捕球できたりすることで，中高学年のボールゲームに対応できる投捕の技能が身につきます。

　そこで，低学年（1年生）では投げる・捕る機会をバランスよく経験するように計画的に授業を組み立てる必要があります。

基本をきちんと身につけることで，その先で学ぶボール運動に対応できるようになります。教材の系統性が大切になります。

## ★ 相手が捕りやすいボールを投げる
　　　　　　　　～短い距離でキャッチボールをしよう！～

　力強くボールを投げられるようになったら，短い距離でキャッチボールができるか挑戦します。1年生の子どもたちにとって距離感を掴むことは難しい課題の1つです。また，キャッチボールは，相手が捕れる強さで投げることも大切です。キャッチボールの進め方は，次の通りです。

### 30秒キャッチボール

① 向かい合って，「壁ぶつけ」で学んだ投げ方で相手の胸のあたりに投げる

　キャッチボールの距離は，３ｍです。壁ぶつけの一番短い距離から始めます。初めは，強さの加減がわからずにうまくいかないことが多いので，ワンバウンドでも取れれば合格にします。

② 30秒間で何回投げ，捕ることができたか記録します

　時間内にどれだけ素早く投げたり，捕ることができるかを計ります。ゲーム要素が入ると，足の踏み込み動作が弱くなる子や，体が正対したまま投げてしまう子などがでてきます。指導した内容が再現できていない子には，声をかけたり，足の位置や出す足を指示したりします。

### どこまでキャッチボール

　キャッチボールのスタートする距離は変わりませんが，５回落とさずにキャッチボールができたら，１ｍ下がります。距離が離れれば力の入れ具合も変わります。正確性と力強さを身につけられる活動です。距離が離れても，投げ方は変わりませんので，ポイントを確認しながら行います。

> 投げる回数をきちんと保障し，投げる・捕ることに対する苦手意識を少なくします。「できた！」「楽しい！」と思える活動を経験させたいです！

# 3学期は「実行・反省」の時期

　3学期は，まとめの学期ですが，「実行と反省」の学期という方が正しいと思います。そこで，個人の運動を大切にしながら，グループの運動で一体感を持たせます。
　子どもたちは，これまで関わり合いを大切にしながら，試行錯誤を繰り返し，数多くの運動に親しみ，対話をしてきました。3学期は，今までに学んできたことや悩み・考えたことを再度実行し，できることをさらに伸ばしながら，もう一度見直しが必要なことは，「何が」「どのように」できないのかを的確に支援してあげることが大事だと思います。

## ★「できないのはなぜ？」の可視化をし，その点が改善できるように支援する

　今の子どもたちの中では，初めから「無理！」と口癖のように言ってしまう子が多く見られます。そして，「でも」「だって」と言って，できなかった原因を見つめ直そうとしない傾向にあるように感じています。「継続は力なり」という言葉もありますが，続けて取り組めば必ず成果はついてきます。初めから諦めずに，最後まで粘り強く取り組める気持ちを育むことができればと思います。「失敗は宝」，「失敗から学ぶ」ことが大切です。
　そこで，私たちの役目としては「できないのはなぜ？」の可視化をしてあげることです。1年生には失敗を恐れず，挑戦する気持ちを忘れずに運動と向き合ってほしいです。3学期は，基礎的な教材から段階を踏んでステップアップしてきた運動から，いよいよ発展的な運動を行うことが多くなってきます。(例えば，ボール運動やマット運動など)。運動に取り組んでいるときに，どうしてもうまくいかない子に対して，その原因となることを具体的に伝えてあげなければいけません。その伝え方は，言葉であったり，実際に動

いて見せたり，そして友だちの動きを見てポイントを伝えたりと，その子にあった伝え方を見極める必要があります。日々の授業で，できるようになったこととできなかったことを自覚し，次にどうすればよいか前向きに取り組む気持ちを育む3学期としたいです。

## ★ 子どもたちが過ごし易いクラス＝すべての子どもたちが学び易い授業

　よい授業づくりは，よい環境が大切だと私自身は常に感じています。1年生の体育授業は，これから行われる体育授業の出発点です。「できた！」ことを嬉しく感じることが，授業内で数多く経験できることが大切です。そのような授業を行うためには，まずは学級という集団が子どもたちにとって「過ごし易い場所」であるかどうかです。「過ごし易い」とは，自分の居場所があり，常に応援してくれる友だちがいて，助けてくれる友だちもいるという安心感から実感できることです。これは体育の授業にも必要なことであり，それは「過ごし易い＝学び易い授業」であり，個が成長するだけではなく，学級という集団が成長することにつながります。

## ★「1年間でできるようにすること」と「数年間のスパンでできるようにすること」

　1年生で身につけさせたいことは，たくさんあります。しかし，時間数には限りがあります。従って，長く時間をかけて，様々な運動と向き合える体づくりができる授業計画を見直しながら，実践していくことが大切です。小学校体育の基礎づくりとなる1年生の最後の学期では，子ども同士が技能を高め合い，助け合い，認め合える授業づくりをしていきます。

体育の授業は，これから高校まで長い時間があります。3学期は，子ども同士の関係も深まってきたところで，さらにお互いに高め合うことが大切です。

**1・2月** 体つくりの運動遊び―マット運動：丸太転がり

# 日々の積み重ねで「できる」を増やそう！

## ★ マット運動で大切にしたい感覚について

　1年生（低学年）のマット運動（器械運動）では，様々な運動を通して，腕支持の感覚・回転感覚・逆さ感覚を身につけたいです。これは，体つくりの運動と似ている（つながっている）部分がとても多く，日々の体育の授業で繰り返し取り組むと身についていくことであり，積み重ねがとても大切であると思います。繰り返しになりますが，1単位時間で2教材の授業構成で，長く取り組むことが効果的です。

## ★ カラーマットと同じく，短マットも運び方を教えてから

　3学期までは，カラーマットが準備も簡単で頻繁に使用していましたが，3学期から短マットを使用してマット運動を行うことを経験していきます。
　しかし，カラーマットの運び方と何も変わらないので，確認をしながら行います。

① 4人1組で，1枚の短マットを運びます。持つ場所は，マットの四隅をそれぞれが担当します。

　　この4人は，いつも活動する4人ですので，運び出す場所も指定席を決めておきます。

② 活動中に足を引っ掛けてしまうこともあるので，耳もきちんと入れることを指導します（※最近のマットには耳が出ないようになってい

るものもありますが，きちんと指導します）。

## ★「転がる」経験から始めよう！〜丸太転がり〜

マット運動では回転感覚を養うことを大切にしますが，回転する，というと「前後」に回転することが多いです。しかし，まずマットの上を横向きに転がることができるかチャレンジします。子どもたちは，「簡単だよ！」「できる！ できる！」と言います。しかし，実際に経験するとマットから落ちないように，**体の力を調整することが難しく**，できない子が多く見られます。そこで，「コロコロ転がる丸太のように体をまっすぐにしてごらん！」と伝え，何回か転がらせると上手になっていきます。

また，どうしてもできない子は，**背中と腿のあたりを押してあげて，回転を補助**してあげます。

1人で転がれたら，2人で転がることに挑戦します。息を合わせることが難しいので，楽しく転がる経験としてとても有効です。

初めは「簡単だよ！（できそう！）」という感覚で始まり，実際に取り組み「ここが難しいな！（自分の身のこなしを振り返る）」，最終的には「できた！（わかった！）」へ変化します。このようなサイクルを続けていきたいです。

第3章 これで完璧！ 12か月の指導アイデア 141

> 1・2月

体つくりの運動遊び―マット運動：ゆりかご

# ゆっくり・大きく，曲げ伸ばしを互いに確認し合おう！

## ★ 初めは「ゆりかご」で転がる動きを身につけよう
～前転・後転の動きを育む～

　回転する感覚を養う基本の運動として，「ゆりかご」を行います。
　前後に「転がる」感覚を身につけるために，初めに経験しておきたい運動です。
　初めは座った状態から始め，後ろに倒れて頭がつき，腰が少し浮いた状態になったら，勢いをつけて前へ体を起こします。慣れてきたら，腰を上げ，しゃがんだ状態から始めます。いろいろな回転系の運動につながる「ゆりかご」は，大切に扱いたい運動です。

## ★ いろいろな動きがつながる「ゆりかご」

　ゆりかごは，とても大切な運動です。その理由は，これから学ぶ様々な運動に「つながっている」部分が多いからです。その部分は，次の通りです。

### つながるポイント　その1

・後転を行うとき，手のひらを上にして耳の横に置き着手の準備をすることにつながっています。

### つながるポイント　その2

・両手をマットに押し付ける動作は，後転の手でマットを押す動作と同じことです。

→経験の少ない子は，手のつき方を間違えてしまうことが多いです。特に多いのは，手の向きが違い強くマットを押すことができない状態です。きちんと手のひらを上にして，指先からマットにつくように伝えます。

つながるポイント　その3

- ゆりかごで体を起こす動作は，前転の後半の部分と同じであること。
  →後ろに倒れたときに，腰が上がり自分の目の前あたりまでくるように伝えます。体を起こす際に，足が伸びきってしまう子が多く見られるので，足をお尻の方へ引き寄せるようにすることが大事です。

　下の連続写真のように，腰が少し上がるぐらい引き寄せ，タイミングよく膝を曲げて，立ち上がれるようします。

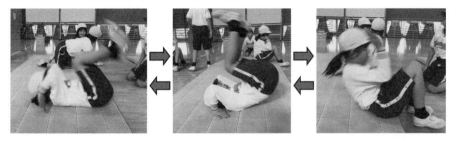

★「ゆりかごタッチ」で勢いを身につけよう！

　体を起こす動作で，前にいる友だちとタッチするときに，「手をグッと伸ばすこと」を伝えます。**手を伸ばすことで，勢いがつきますが，**1回ではタッチできない場合があるので，かけ声に合わせて，数回揺らしてからの方が取り組み易いと思います。

　　かけ声は，「イーチ！ニーの，サン！でタッチ」でタイミングを掴みます。

> 1・2月

体つくりの運動遊び―マット運動：背支持倒立

# 「つ」から「く」へ，そして「1」を目指そう！

## ★ 腰を高くし，両手で支える運動の価値とは？
### ～背支持倒立の姿勢を行う良さ～

　1年生にとって，段階的な指導はとても大切であり，ここで紹介する背支持倒立は，前転系の運動につながる姿勢であるので，前転がりや前転の運動の前に何回か経験させておく必要のあるとても重要な運動です。

　例えば，大きな回転を意識させるためには左の写真の状態から膝を曲げながら足を振り下ろす運動を行います。

　また，前転から起き上がることがうまくできない子に対しては，背支持倒立から両手を前に伸ばすように出すことを意識させることで膝を曲げるタイミングを掴ませるために大切な姿勢です。

　腰を高く上げ，ピンと爪先まできちんと伸ばすことはとても難しく，1年生の子どもたちにはなかなか定着しづらい姿勢ですが，私たち教師が，足を引き上げ，腰のあたりを膝で支えてあげる補助をしてあげることで，全身に力を入れ，倒れないようにする感覚を何回も経験させます。ただ，まっすぐに綺麗な姿勢を保つことを目的としているのではなく，この運動の先に「つながる」運動があることを意識しながら取り組ませることが大切です。

## ★ 初めは「つ」から始めて，逆さまの「く」になり，最後は「1」へ

　力の入れどころがうまくわからない子が多い1年生は，少しずつ曲げた足の角度を変えていくことをおすすめします。それも，子どもたちがわかり易

いものに例えて体で表現するようにすると，友だち同士でも見合えるというメリットがあります。指導のステップとしては，次の通りになります。

### 第1段階：ひらがなの「つ」を表現する

マットに仰向けに寝る姿勢をとります。腕と手のひらで体を支え，膝が顔の前あたりにくる姿勢を保ちます。体が硬い子や，どうしても腰が上がらない子は，**腰を持ち上げてあげて少しずつ保持する**時間を長くできるようにします。膝が曲がらないように，**「膝をのばして『つ』の形に近くなってごらん！」**と声をかけます。

### 第2段階：ひらがなの逆さまの「く」を表現する

「つ」の姿勢から，腰に手を当て腰の位置をさらに高く持ち上げます。

このときに，**「お腹のあたりに力を集中させてごらん！」**と声がけします。それでも力の入れどころがわからない場合には，**「ここだよ！」**とお腹に手を当ててあげることが大切です。

### 最終段階：数字の「1」を表現する

最後は，背支持倒立の姿勢をとります。さらに腰の位置を高くし，お腹を前に出すような感じで爪先までピンと伸ばします。子どもたちには，**「足の裏を天井につけるように伸ばしてごらん！」**と声がけして，膝から爪先まできちんと伸びるように意識させます。

綺麗な「1」が完成したら，見本として全員の前で発表してもらうと，それを見た周囲の子たちのやる気もさらに高まります。

**1・2月** 体つくりの運動遊び―マット運動：前転

# 肩から背中，腰と転がれているか 互いに確認し合おう！

## ★「転がる」運動の前に経験しておくこと

　「転がる」運動といえば，「前転」です。しかし，まずは「前転がり」を経験します。「前転がり」は，起き上がるときに，手を使って起き上がる運動のことで，「前転」とは違います。「前転」は両手を前に出して回る勢いのまま，手をつかずに起き上がれる運動のことです。1年生では，最終的に「綺麗な前転」を目指して練習を積み重ねていきます。

　そのために，前段階として「ゆりかご」で起き上がる動作を経験しているので，「前転」にスムーズに進める子が多いですが，ポイントをきちんと抑えておかないと，これから学ぶ回転系の運動に大きく影響するので，前述した「背支持倒立」や「ゆりかご」を十分に経験させた後に，取り組ませたいです。

## ★ 頭頂部ではなく，頭の後ろをつくことを意識させよう！
　〜手押し車からの前転を通して〜

　前転は，顎をしっかりと引いて回り始めることから始めます。顎を引くと自然に体が丸まり，頭の後ろから背中の順番にマットについていくことになります。

　1年生の子どもたちに見られる最も多いのが，頭頂部をついてしまい，背中を打ってしまう状況です。また，回転するときに足が揃っておらず，片足ずつ交互にあげて回るので，体全体が反ってしまう動きが見られます。

　そこで，大切にしたいことが「視線」です。前述した通り，顎を引くことはポイントの1つですが，子どもたちに伝える際に大切なのはどこを見るか，です。1年生には，「お腹を見てごらん！」と言っています。もう少し具体

的にするならば,「おへそのあたりを見てごらん!」と言います。お腹やおへそを見ることで,さらに自然と体が丸くなります。

そこで,マットでの練習と同時に,「手押し車からの前転」の練習も行うようにしています。

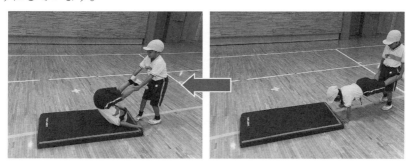

右上の写真のように,手押し車をしていると手と手の間に頭を入れ易い状態になっており,お腹(おへそ)を見て確実に体を丸めることができるようになります。また,左上の写真のように足を持ち上げて,腰高の状況がつくれるので前転をし易い姿勢になります。頭頂部ではなく頭の後ろからつく感覚を味わわせることができる大変効果的な練習方法です。

## ★ 手を前に伸ばすことを大切に!

下の写真のように,膝の曲げ伸ばしの勢いを保ったまま,両手を前に出して起き上がるために力を前へ移動させます。

「顎を引いて! 腕を伸ばして〜!」と声をかけ合いながら,手をつかずに立てたら合格になります。

ゲーム―鬼遊び：手つなぎ鬼

# 「鬼遊び」は，まわりをよく見よう！

## ★ 準備運動に最適な鬼遊び

　子どもたちの休み時間の様子を見ていると，遊具で遊ぶ子やなわとびをする子も見られますが，圧倒的な人気の遊びは「鬼ごっこ」です。その他にも，ボール遊びをしているやかけっこをしている子など様々ですが，「鬼ごっこ」をしている子たちが多いのには理由があります。子どもたちに聞いてみても，「楽しい！」という言葉が聞かれます。その楽しさは，「**全力で追いかけて，全力で逃げること**」です。

　活動量の多い運動であるので，早く体育館や校庭に集まったときに経験させたい運動です。何よりも，道具が必要ないというところが良く，俊敏な動きも育める運動です。

## ★ ゲームにつながる動きづくりとしての鬼遊び

　鬼遊びは，ただ鬼が逃げる相手を捕まえるだけのように思われますが，実は**ボールゲームにつながる動きを育むことができる最高の運動**です。鬼から逃げるために周囲をよく見て，鬼のいないスペースへ逃げるのは，**ボールゲームのボールを持たない子が，空いたスペースを見つけてよりフリーの状態になってからボールをもらう状況**と同じことになります。ただ，1年生にそのような説明をしても理解できませんので，ルールを守りながら，たくさんの友だちと関わることを大事にしながら取り組んでもらいます。そこで，1年生にも遊べる「鬼遊び」について紹介します。

### 2人から3人，4人になったら2人組に分かれよう！〜手つなぎ鬼〜

　決められた範囲で，鬼になった子は2人で手をつなぎながら，相手を捕ま

えます。3人の場合も同じく，手をつないだまま追いかけます。

　4人になったときには，2人ずつに分かれ逃げる子を追いかけます。終了の合図のときに，逃げ切った子は，次のゲームの鬼となります。

　鬼に捕まらずに，生き残った人たちは，勝利の儀式「バンザ～イ！」で次のゲームへ進みます。

「捕まっても気にしない！」「捕まったら，協力して捕まえてごらん！」と前向きな言葉がけで，短時間でも大いに盛り上がります！

　鬼の立場と逃げる立場を両方経験することで，全く違う感覚を育むことができます。この鬼遊びを授業で行うことで，休み時間の鬼遊びの内容も変わります。「日常化」へ向けて，鬼遊びもいろいろと体験させることが大切です。

**2・3月**

ゲーム―鬼遊び：じゃんけん鬼ごっこ・ドラキュラ

# 「逃げる」「かわす」「よける」動きを身につけよう！

## ★ 俊敏な動きを養う鬼遊び
### ～「逃げる」に特化した鬼遊び「じゃんけん鬼ごっこ」～

　鬼ごっこは，たくさんの友だちで行うものであるようなイメージがありますが，この鬼遊びは1対1の勝負です。じゃんけんをして勝ったほうが逃げ，負けたほうが追いかける（逆でも大丈夫）という，瞬時・瞬間の判断力を育みます。また，自分のゴールゾーンへ向けて，一直線に全力で走るので子どもたちにとって楽しい要素の1つでもあります。

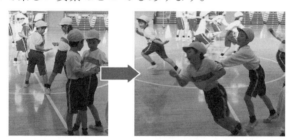

　場の設定はスタートラインとゴールゾーンがあれば大丈夫です。道具は必要ありません。体育館であれば，既存のラインを使って簡単にできる鬼遊びの1つです。ゴールゾーンまでの長さは，子どもたちの状況に合わせて設定します（私は20mぐらいで行います）。

　初めは，勝ったから逃げる？　負けたから追いかける？　と一呼吸おいてスタートする様子が見られますが，回数を重ねるごとに，一瞬の判断力が養われ素早い動きが見られるようになります。

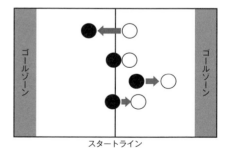

## ★ 逃げながら「かわす」「よける」を育む鬼遊び
　　　　　　　　　　　　　　　〜「ドラキュラ」〜

　「ドラキュラ」という名前に興味を惹かれる1年生ですが、内容を知るともっとその魅力に引き込まれていきます。この鬼遊びを通して、視野が狭い1年生には鬼を「かわす」「よける」という経験を積み、この先のボール運動へつながる動きを身につけてほしいという思いを実現してくれる鬼遊びです。本来はクラス全体で取り組むものですが、ぶつかる恐れがあるので、私は班対抗戦の少人数から始めています。授業の行い方は、次の通りです。

① 　じゃんけんで鬼を決めます（指名制でも構いません。例えば、1日ならば出席番号に1のつく人（1、11、21、31）が鬼となる、など）

　鬼の人数は5〜10人程度（クラス全員の場合）にして、残りが鬼に捕まらないように逃げ、安全ゾーンに入ったらOKです。タッチされた人はドラキュラになり鬼の仲間入りです。何度か繰り返して行い、最後の10名程度になったら終わりです。1年生は初め、班対抗戦で行い、鬼は2人にします。逃げる人は4人にして、スタートします。「何人抜けられたか？」（捕まることより、逃げたことに焦点化します）を繰り返し行い、徐々に人数を増やしていきます。

② 　**合図と同時にスタートし、安全ゾーンに入ったらセーフです**

　合図から、なかなかスタートしない子も中にはいます。そこで、**スタートの制限時間を設けます**（合図から10秒以内にスタート！）。

**2・3月**

ゲーム―鬼遊び：子とり鬼

# 相手の動きをよく見て，左右に素早く動けるようになろう！

## ★ チームで守る「子とり鬼」
### ～今まで経験したことのない動きを味わえる鬼遊び～

　「鬼遊び」というと，限られたスペースの中を走り回り，逃げる子と追いかける子の攻防を楽しむものであるように思われがちですが，ここで紹介する「子とり鬼」は，今までの鬼遊びとは全く違う形で，子ども同士の関わり合いが見られる楽しい運動です。

　簡単に説明すると，鬼は列の最後尾の子を捕まえる（タッチする）だけです。しかし，前にいる仲間は捕まらないように大きな動きで左右に移動しながら守ります。

　この「鬼遊び」の一番の特徴は，**左右の動き**です。日々の生活の中で左右への移動を必要とする場面はほとんどありませんが，体育の授業では今後必要とする場面が訪れます。そのためではないですが，様々な身のこなしを経験しておくことで，今後の体育活動で大いに役立つことを見越して取り組んでおきます。

> 経験したことのない動きは，授業内で経験させたいです。左右の動きだけではなく，緩急をつけることに気づかせたいです。

## ★ 戸惑いの中に楽しさを見つけながら

　子どもたちには，初めて経験する鬼遊びの説明をしてから行います。子どもたちに伝えることは，**「タッチされたら鬼は交代します」「列から離れたら鬼は交代します」**の２点を伝えてからスタートします。まずは細かいルールよりも，鬼が交代する条件のみを伝えることにします。「子とり鬼」の進め

方は，次の通りです。

① 4人組（普段の班のメンバー内）でじゃんけんして鬼を決めます

　全員に鬼を経験してほしいので，じゃんけんではなく「今日は1列目の子が鬼からスタートしましょう！」として，並び順は各班で決めることもあります。これで1人の子が鬼ばかり経験することを防ぎます。

② 鬼になった子は列の先頭の子と正対し，列の最後尾の子を狙います。タッチされた最後尾の子は新しい鬼になることを伝えます

　先頭の子は鬼にさせないように両手を広げます。先頭で鬼の動きをよく見ることが大切です。もちろん後ろに並んでいる子たちも，鬼の動きをよく見ることが大切です。それぞれの立場の動きと，観察したことを自分が再現できるかをポイントとして伝えます。

③ 時間を制限して行い，全員に鬼を経験させます

　動きが違う立場を必ず経験させることを大切にします。動きに慣れ始め，なかなか捕まらない場合には，活動時間を1〜2分程度にして全員に鬼を経験させます。

動きに緩急をつけるとタッチできるよ！

鬼は赤帽子にして，見取りやすくします。

**2・3月** ゲーム—ボールゲーム：どこまでキャッチ
# 動きながら捕る・投げる力を高めよう！

## ★「捕れた！」と達成感を味わおう！
### 〜「どこまでキャッチ」で新記録を目指そう！〜

　これまでに行ってきたボールを使った運動は，その場で投げたり，捕ったりすることを中心に行ってきました。

　そこで，次の段階は「動いてボールを捕る力」を育むと同時に，「より遠くへ投げる力」も育んでいくことにします。そこで，取り組む教材は「どこまでキャッチ」です。ボール操作の基礎的技能の1つとして，大切にしたい運動です。

　一人ひとりが遠くに投げられ，捕ることができたことを点数化し，自分自身の記録の伸びを実感しながら取り組ませたいです。

## ★ 1年生の子どもたちでも，簡単で明確な点数化の仕方

　下の写真のように，投げ上げる位置をスタート地点とすると，1本目の線は1点，2本目の線は2点となります。この運動はペアでの学習ですので，1人が挑戦しているときには，もう1人は判定係となります。この活動で，自分自身の取り組みだけではなく，ペアの友だちの動き（投げ方や捕り方）を観察し，自分の動きの参考するように声がけします。

誰もがわかる明確な点数化で自分の伸びが実感できることが上達の近道です。

活動中に「友達のどこがよいのか？」に焦点を絞り，子どもたちに伝えることで，見るポイントがわかり，身のこなしも変わります。

　本校では，1年生の10月ごろから「体育ノート」を書かせているので，毎回の記録を残せます（ノートがなくても，学習カードを使用してもよいと思います）。簡単な記録であるので，**自分の記録の変遷が手に取るようにわかります**。1年生なので，きちんと記録できないこともあるので，教師の方でも**その場で点数を確認し，補助簿に記録する**ことは忘れないようにします。

　回数を重ねるごとに，「できた！」という声が多くなり，記録も伸びてきます。同じような運動は2学期に経験しているため，3学期には落下点に素早く入ることができるようになります。

経験してきたことを，生かせる運動があることが大事です。

　このように，1年生の授業では**「同じような運動」を経験する**ことが大切です。「投げ上げキャッチ」や「床タッチ」でいろいろな状況での捕り方を経験し，今回の運動でその経験を生かすことで「できた！」が保障され，子どもたちの自信へとつながります。

　また，今回の運動は事前に行った「投げ上げキャッチ」の発展的な運動としています。発展的な運動ですが，事前の運動（投げ上げキャッチ）も振り返りながら取り組めるので，技能を確実に身につけさせるためには，効果的です。

　1年生の授業を計画する段階で，基礎的な教材から始め，発展的な教材へと段階を踏むことはとても大事です。

**2・3月**

ゲーム―ボールゲーム：はしごドッジボール

# 「投げる」「捕る」の場面を分けて取り組もう！

### ★ 低学年に適した教材を経験させることの大切さ

　「投げる」「捕る」の経験を積んできた子どもたちには，ここで初めて対戦型のゲーム「はしごドッジボール」を経験します。

　はしごドッジボールは，基本2対2という少人数で行うので，一人ひとりが運動する時間が確実に保障される良さがあります。また，一定の時間内に「投げる」「捕る」を繰り返し行い，「投げる」子は「当てる」ことに専念し，「捕る」子は「捕る」ことに専念するので，楽しみながら確実に技能の伸び

が実感できます。このような形式のゲームを低学年のうちに経験させるのは，攻守が分離していることや，得点化する基準が明確であること，誰もが投げたり捕ったりする機会が平等に保障されているという低学年の子どもたちに経験させる上で大切にしたい条件が整っているので，確実に取り組ませておきたいです。また，このはしごドッジボールは学年が上がるにつれて，コートの広さが大きくなったり，人数が増えたりと，ゲーム内容自体に発展性があることも，この運動のよさです。

### ★ いっぱい投げよう！いっぱい捕ろう！
　　　　　　　　　　　　　〜「はしごドッジボール」〜

　ドッジボールに必要な基礎的な教材を経験してきているため，「投げたい！」「捕りたい！」という欲求を満たせる教材として，「はしごドッジボール」は毎年どの子どもたちも楽しんで取り組んでいます。授業の進め方は，

いたってシンプルですが，工夫次第でさらに楽しめる運動です。

> 初めの挨拶はしっかりと！「開始の儀式」（はじめの儀式）

ゲームを始める前には，必ず「儀式」を行います。「儀式」といっても「挨拶」だけです。しかし，1年生にとってはこのような「儀式」があるだけでも楽しくなり，これから始まるゲームをさらに盛り上げます。

もちろん，「終了の儀式」も忘れず行います。

> 当てたら○点！捕っても○点！

じゃんけんで先攻後攻を決めます。そして，合図と同時にゲームが始まります。試合時間は，2～3分で攻守を交代制にして行います。

投げる順番を，あらかじめ決めておき，守り（捕る子）が捕ったら，次に投げる子へ渡します。

本来のドッジボールは，当てることがクローズアップさせれており，捕ることに何も評価されていません。そこで，**「当てたら1点！捕っても1点！」**と捕ることにも意味を持たせます。

このように，「投げる」「捕る」という活動すべてを点数化することで，「今日当てられた」というマイナスの気持ちではなく，「今日，何回捕れた！」「何回当てたよ！」と一人ひとり活躍の場が保障され，**誰もが満足できる教材**になるのです。

第3章 これで完璧！ 12か月の指導アイデア 157

**3月** 表現・リズム―猛獣狩りに行こうよ

# 班編成を解体して，たくさんの友だちと交流しよう！

## ★ 心を解放してグルーピングの楽しさを味わおう！

　学級には，体全部を使って**表現することが得意な子**と，**苦手な子**それぞれいます。そこで，この1年間体育授業と日々の学校生活をともに過ごしてきた友だちと，もっと交流の幅を広げるために班構成を解体して，グループでの活動を行うことをします。そして，解体したグループで活動をして関わりを深めていきます。本校は2年間でクラス編成替えをします。そこで，さらに交流を深めるために，**誰とでもグループが組めるように，意図的に様々な人数のグループを組ませます。**

　そこで，大きな声を出しながら行う「猛獣狩りに行こうよ！」を行います。猛獣の名前の文字数だけ人数を集えたら，合格です。ルールは，

---

① 男女混合にすること
② 同じ人と何回も組まないこと

---

この2点だけです。とにかく元気よく，そして楽しく行うことが大切です。

## ★ リズムにのって元気よく！
　　　〜教師が先頭に立って大きな声で，体いっぱい表現する〜

教師の後に子どもたちが続くので，元気いっぱい表現すれば子どもたちも，元気になります！

「猛獣狩りに行こうよ！」は，リズムにのって教師のかけ声を子どもたちにも復唱させながら行います。かけ声も簡単なので，全員が大きな声で元気よく取り組める活動です。かけ声は次

の通りです。

T：「猛獣狩りに行こ〜うよ！」　　C：「猛獣狩りに行こ〜うよ！」
T：「猛獣なんて怖くない！」　　　C：「猛獣なんて怖くない！」
T：「鉄砲だって，持ってるもん！」　C：「鉄砲だって，持ってるもん！」
T：「槍だって，持ってるもん！」　　C：「槍だって，持ってるもん！」

「鉄砲だって，持ってるもん！」

「槍だって，持ってるもん！」

T：「あっ！」　　　　　　　　　　C：「あっ！」
T：「ライオン！」※このやり取りを繰り返し行います。

やった！
一番最初に集まれた！

ライオンだから
男女合わせて4人で
集合！

　この他にも，人数は徐々に増やしていきます。気をつけることは，クラスの人数がきちんと割り切れるように，猛獣の名前を選ぶことです。**男女混合のグループが自然に組めることは，今後の様々な体育活動で生かされます！**

【著者紹介】
夏苅　崇嗣（なつかり　たかし）
1973年生まれ。明星大学教育学部卒。
学校法人明星学苑　明星小学校教諭。
学級経営と体育について研究を進めている。
東初協学級経営部会運営委員。
筑波学校体育研究会理事。

明星小学校1年梅組の子どもたち

〔本文イラスト〕木村美穂

体育科授業サポートBOOKS
この1冊でまるごとわかる！
小学1年生の体育授業

| 2019年4月初版第1刷刊 | ©著　者 | 夏　苅　崇　嗣 |
| 2023年6月初版第5刷刊 | 発行者 | 藤　原　光　政 |
| | 発行所 | 明治図書出版株式会社 |
| | | http://www.meijitosho.co.jp |
| | | （企画・校正）中野真実 |
| | | 〒114-0023　東京都北区滝野川7-46-1 |
| | | 振替00160-5-151318　電話03(5907)6702 |
| | | ご注文窓口　電話03(5907)6668 |
| ＊検印省略 | 組版所 | 中　央　美　版 |

本書の無断コピーは、著作権・出版権にふれます。ご注意ください。

Printed in Japan　　　　　　　　　　　　　　ISBN978-4-18-286011-9

もれなくクーポンがもらえる！読者アンケートはこちらから